Anton Seibt

Studien zu den Königsaaler Geschichtsquellen

Anton Seibt

Studien zu den Königsaaler Geschichtsquellen

ISBN/EAN: 9783743316447

Hergestellt in Europa, USA, Kanada, Australien, Japan

Cover: Foto ©ninafisch / pixelio.de

Manufactured and distributed by brebook publishing software (www.brebook.com)

Anton Seibt

Studien zu den Königsaaler Geschichtsquellen

STUDIEN

ZU DEN

KÖNIGSAALER GESCHICHTSQUELLEN

VON

DR. ANTON SEIBT.

PRAG.
DRUCK UND VERLAG VON ROHLÍČEK UND SIEVERS.
1898.

I. Die Verse der Königsaaler Chronik.

Einleitung.

Einer litterarischen Manier des Mittelalters, besonders des 13. und 14. Jahrhunderts, folgend haben auch die Verfasser des Chronicon Aulae Regiae, zwei Äbte des böhmischen Klosters Königsaal, ihr Geschichtswerk mit Versen gleichsam verziert, welche die Darstellung an geeigneter Stelle unterbrechen und die einzelnen Kapitel einleiten oder abschließen.

In Anbetracht der Bedeutung, die den Königsaaler Geschichtsquellen zukommt, ist es nur selbstverständlich, dass auch der poetische Theil derselben bereits Gegenstand von Untersuchungen geworden ist. Wenn nun in der vorliegenden Arbeit eine Untersuchung der Verse hinsichtlich ihres inhaltlichen Wertes und ihres Verhältnisses zur Prosadarstellung zur neuerlichen Durchführung gelangt[*], so hat das seine Veranlassung darin, dass sich dem Verfasser bei aufmerksamer Lektüre der Chronik die bisherigen Aufstellungen, die ohne Widerspruch hingenommen wurden, als unhaltbar erwiesen haben.

Die Orientierung über die hier in Betracht kommenden Fragen dürfte am besten erfolgen, wenn wir die bei-

---

[*] Zu Grunde gelegt wurde der Untersuchung die Ausgabe des Chronicon Aulae Regiae von Dr. J. Loserth in den Fontes rerum Austriacarum 1. Abtheilung. Scriptores Band 8. Wien 1875.

den Forscher, welche sich mit ihnen eingehend beschäftigt haben, Lorenz und Loserth, selbst zu Worte kommen lassen.

„Wenn man, so führt Lorenz aus*), genau zusieht, so findet man, dass die Erzählung in den eingefügten Versen nicht etwa naturgemäß fortgeführt wird, ... und dass nicht in abwechselnder Rede die Darstellung fortschreitet, sondern vielmehr Erzählung und Darstellung durch die eingeschobenen Verse regelmäßig unterbrochen werden. . . . . Dann bemerkt man ganz regelmäßig die Erscheinung, dass Alles, was zuvor in Prosa erzählt worden ist, mit wenigen Änderungen in leoninische Hexameter umgesetzt worden ist, und ganz besonders der Theil, dessen prosaische Ausführung von dem Abte Otto herrührt, erweist sich als eine so sclavische Umformung, dass man an sachlichen Materialien nichts verlieren würde, wollte man die Verse einfach hinweglassen. Die prosaische Darstellung würde nach Hinweglassung der Verse glatter und ebenmäßiger fortlaufen, als es jetzt der Fall ist . . . . Diese Congruenz der prosaischen und metrischen Darstellung hört indessen später, namentlich im zweiten und vollends im dritten Buch auf, die Verse werden seltener, aber auch da ist uns nicht ein einziger Fall vorgekommen, wo etwas Neues in den Versen mitgetheilt wäre. Immer nur das schon prosaisch Erzählte wird ausgeschmückt und mit allerlei Redensarten verbrämt versificiert".

Noch weiter als Lorenz geht Loserth, der in seiner Schrift: „Die Königsaaler Geschichtsquellen" **) den Wert der Verse noch viel geringer taxiert. Denn während Lorenz in den Verspartien zwar nur bloße Wiederholungen des vorher prosaisch Erzählten erblickt und in ihnen neue Nachrichten gänzlich vermisst, so findet Loserth ***),

---

*) O. Lorenz: Deutschlands Geschichtsquellen im Mittelalter seit der Mitte des 13. Jhdts. I. 3. A. 1886 p. 299.
**) Im „Archiv für oesterreichische Geschichte" Bd. LI. 2 p. 482 ff.
***) l. c. p. 483.

dass selbst dies nur in wenig Fällen zutrifft, indem die Verse meist gar keinen reellen Inhalt bieten und als lyrische Ergüsse zu betrachten sind, welche die Gefühle des Schreibers bei Gelegenheit der Erzählung einzelner historischer Thatsachen enthalten. Sie begleiten die Handlungen, die erzählt werden, mit Lob oder Tadel. . . . ."

Wir begegnen also in diesen Ausführungen von Lorenz und Loserth positiven und negativen Behauptungen. In negativer Hinsicht wird betont, dass die Verse keinerlei neue Nachrichten bieten, dass sie überhaupt keinen reellen Inhalt besitzen, in positiver, dass die Verse theilweise nur Wiederholungen der Prosaerzählung bilden, dass sie meist nur lyrische Ergüsse darstellen. Es gehört dann wiederum zu der negativen Charakteristik, dass man die Verse als für den Fortgang der Erzählung nur störend bezeichnet, zur positiven, sie „regelmäßige Unterbrechungen der Prosa" zu nennen.

Wir schreiten zur Prüfung jeder dieser Behauptungen.

1.

Die Behauptung von Lorenz, welche besagt, dass in den Versen nicht Nachrichten angetroffen werden, welche die prosaische Darstellung bereichern und ergänzen, soll zunächst der Prüfung unterworfen werden. Sind wir imstande, das Gegentheil nachzuweisen, so ist damit auch am besten Loserth widerlegt, der fast jeden thatsächlichen Inhalt der Verse leugnen möchte.

Dagegen lässt sich behaupten, dass die Verse nicht allein eine Umformung des schon prosaisch Erzählten sind, sondern dass sie vielmehr unter der Menge rhetorischen Schmuckes manche neue, interessante Meldungen bald von größerer, bald von geringerer Bedeutung enthalten.

Es würde nun, falls es sich lediglich um den in Rede stehenden Nachweis handelte, gewiss genügen, eine bestimmte Anzahl bezeichnender Fälle aus verschiedenen Theilen der Chronik, in denen die Verse eine Erweiterung des in Prosa berichteten Thatsachenbestandes bringen, anzuführen. Wir erbringen aber hier den Nachweis für unsere obige Behauptung in vollem Umfange, mit Heranziehung sämmtlicher Belegstellen.

Es soll damit ein- für allemal dem vorgebeugt werden, dass die in den Versen der Chronik enthaltenen neuen Nachrichten unbeachtet und unbenützt bleiben. Wie leicht sie zu übersehen sind, beweist uns ja das Beispiel so gewissenhafter Forscher, wie dies Lorenz und Loserth sind.

Ferner ist mit der Untersuchung, ob die Verse auch neue Thatsachen berichten oder nicht, und an welchen

Stellen, aufs engste verknüpft und durch sie allein einer Lösung zuführbar die so viel ventilierte Frage: Sind die Verse in den ersten 51 Capiteln des ersten Buches Eigenthum des Abtes Otto oder seines Fortsetzers?

Diese Gründe dürften die Ausführlichkeit unserer Beweisführung zu rechtfertigen vermögen.

A.

a) Politische Geschichte.

Liber I. cp. 5. Prschemysl Ottokar II. berief, bevor die päpstliche Dispens zur Scheidung von seiner Gemahlin Margaretha eingeholt wurde, die Großen seines Landes zu einer Berathung darüber, ob die Trennung von Nutzen wäre. Die Verse enthalten die Antwort, in der dem König infolge der Unfruchtbarkeit seiner Ehe ein neues Ehebündnis einzugehen anempfohlen wird. (Ex hoc consulitur, quo nil melius fore scitur, Quod Margaretha sterili rex coniuge spreta Consortem ducat, quae debita lege matrimonii liberos sibi iure haereditario successuros producat)*).

cp. 61. Wenzels II. Einladung zu seiner Krönungsfeier ergeht nicht nur an die Bürgerschaft seiner Resi

---

*) Wenn Loserth l. c. p. 494 sagt: „Die Verse stehen offenbar an unrichtiger Stelle, denn unrichtiger Weise wird hier erst der Rath ertheilt und später werden die Bischöfe gesammenberufen." so ist das irrig. Zur Sache muss zwar bemerkt werden, dass der wirkliche Hergang bei der Scheidung sich nach anderen Zeugnissen als ein wesentlich anderer darstellt. Aber dass, wie Loserth meint, unser Chronist die Ereignisse in unlogischer Folge aufzählt, kann man nicht behaupten; denn um Rath werden befragt das erstemal alle Großen (universis suis nobilibus convocatis et satrapis), die zweite Zusammenkunft ist nur eine der Bischöfe, die auf Grund der nach dem Rathe der Großen eingeholten päpstlichen Zustimmung die Scheidung vollziehen, nicht aber erst berathen (Episcopi convenerunt et de consensu sedis apostolicae divortium inter regem et reginam debita solemnitate adhibita coram universo populo celebraverunt).

denz (Advocat et cives . . . .), sondern auch an die Fürsten, mit denen er freundschaftliche Beziehungen unterhält. In großer Zahl werden unerschrockene Jünglinge und Männer nach Nah und Fern ausgesandt, die als Eilboten die schriftlichen Einladungen des Königs zu überbringen haben. (Cursores multi fortes iuvenes et adulti Ad loca longinqua non obmittendo propinqua , Tunc discurrebant, qui regia scripta ferebant. . . . .)

cp. 114. In den Versen, die sich an die Meldung von der lombardischen Krönung Heinrichs VII. in Mailand anschließen, bemerkt der Chronist, dass längere Zeit vor diesem kein Herrscher die eiserne Krone getragen habe. (O praeclara, bona, felix ferrata corona! ; Digne gaudere debes, tu namque iacere / Jam consuevisti, lugens facie quasi tristi; / Vilibus in pannis foetuisti pluribus annis / Nullus curavit te regum, nec baiulavit / Per tempus multum, nec praestiterat tibi cultum, / Solus rex iste modo temporibus tulit his te.)*)

Liber II. cp. 7. Die Prager Bürger wollten 1319 den König Johann aus den Händen böser Berather, deren Einflüsterungen er Gehör schenkte, befreien und organisierten sich zu diesem Zwecke. Dies wurde dem Könige hinterbracht, aber mit Entstellung des wahren Sachverhaltes, indem man — dies sagen uns die Verse — meldete, es bereite sich gegen ihn eine Erhebung der Bürgerschaft Prags vor. Er möge eilends gegen die Hauptstadt ziehen und dort als Rächer erscheinen. (Ecce domine rex / Cives Pragenses acuunt iam fortiter enses / Conducunt gentes contra vos stare volentes. / Iam non tardate, Pragam subito properate / Et compescatis tales et eos capiatis / Ipsos sic terite, quod sint ultra sine lite / Res horum rapite, properate, venite, venite!)

cp. 14. König Johann weilt wenig in Böhmen. Wenn er sich hier einfindet, so geschieht dies, um Geld zu

---

*) Heinrich VI. empfieng vor Heinrich VII. zuletzt die lombardische Krone. Cf. Forschungen zur Geschichte der lombardischen Krönungen der deutschen Kaiser und Könige im 12. 13. 14. Jhdt. von Meinhold p. 13. 29. (Halle 1883).

sammeln, mit dem er sich wieder entfernt. Diese Ausbeutung erzeugt eine Gährung im Volke, die in scharfen Reden zum Ausdruck kommt. Allein das Volk ist feige. Ein freundliches oder auch ein strenges Wort des Königs macht allen Widerspruch verstummen und alle gefügig (. . . . fortia verba minantur, / Sed cum rex verbum blandum dicit vel acerbum, / Omnes mutantur, quasi fulmine percutiantur, / Et dant, quidquid rex mandaverit. Haec stat adhuc lex.)

b) Kriegsgeschichtliches.

Liber I. cp. 4. Die Schlussverse melden von den Völkern, gegen die Prschemysl Ottokar II. im Kampf gestanden, die sein Schwert bezwungen, von den Hunnen (= Ungarn cf. Buch I. cp. 124.), Littauern, Baiern, Kumanen (Hunni, Litwani, Bavari simul atque Comani) und vielen anderen Stämmen, die unberühmt aus der Geschichte verschwunden sind. (Ac aliae gentes pecorino more cadentes, / ipsum noverunt et ab ense suo perierunt).

cp. 7. Der erste Zug Rudolfs I. gegen Ottokar endet nicht mit einer Schlacht; denn der Adel tritt beiderseits für das Zustandekommen eines Friedens ein (. . . . pro ordinanda concordia utrobique partes suas nobiles interponunt).

cp. 8. Wir erfahren aus der ersten Verspartie, dass die Zahl der Böhmen, die aus der Marchfeldschlacht flohen, eine große war. (Multi Bohemi quasi fures / fugae praesidium quaesiverunt).

cp. 18. Die von Zawisch mit Gütern ausgestatteten Günstlinge beginnen im Lande Gewaltthaten zu verüben, die sich, wie wir den Schlussversen dieses Capitels entnehmen können, gegen die Barone richten. (Hi lascivire coeperunt et resilire / Nobilibus terrae).

cp. 43. Wenzel II. macht auf seinem Polenzuge zunächst in Oppeln halt. Hier lagern sich die Truppen und es entwickelt sich bald ein lautes Treiben (. . . . campus redimitur / novo milite). Schmausereien und Gelage werden gefeiert (. . . . convivia magna parantur/ pocula funduntur . . . .) und Lanzenkämpfe veranstaltet (hastae vibrantur). Überall herrscht Freude; denn der König hat mit freigebiger Hand Geschenke vertheilt. (Munera largitur rex . . . . cuncti laetantur, quibus inclita munera dantur).

cp. 103. Graf Eberhard von Würtemberg bediente sich, wie wir in den Versen hören, zu seinen Plünderungszügen der Hilfe der gemeinen Diebe (exspolians cunctos, habuit fures sibi iunctos).

cp. 110. König Johann musste mit dem Heere, das er seinem Vater 1313 nach Italien zuführen wollte, bei der Nachricht von dessen Tode den Rückzug antreten. Auf diesem wurde das Heer, wie die Verse berichten, häufig von dem Pöbel der Städte belästigt. (Cum vulgus in urbibus audit / Quod retro cedit exercitus, hunc quoque laedit).

Liber II. cap. 17. Metz wird als eine von Feinden uneinnehmbare, vom Feuer unzerstörbare Stadt gerühmt. (Urbs haec insignis, quam nullus et hostis et ignis, vincere sufficeret).

c) Kirchengeschichtliches.

Liber I. cp. 19. Wir erfahren aus den Versen am Ende des Capitels, dass der Orden der Eremiten auch den Namen der Wilhelmiten führte. (Heremitae seu Wilhelmitae). Auch über die Befolgung ihrer Ordensregel fallen einige Bemerkungen. Wir hören, dass diese Mönche überall streng nach der Vorschrift leben. (Wilhelmitae, qui vivunt undique rite) und in ihrer Lebensführung eine hohe Vollkommenheit erreichen. (Wilhelm., quibus est perfectio vitae).

cp. 33. Wenzels II. Beichtvater und Berather Hermann, ein Priester des deutschen Ordens, wurde später, wie die Verse berichten, Bischof von Culm in Preußen, dem er den Namen gab (. . . bruder Hermann pontificatus suscepit culmen, cui nomen denique Culmense Prussia dedit.)

cp. 37. Die Verse melden, dass Wenzel II. dem zu gründenden Kloster von Zbraslau (Aula Regia) weite Gründe mit vielen Dörfern bestimmte (. . . qui dona bonorum Plurima cum villis multis rex contulit illis).

cp. 38. Zbraslav erscheint anfangs als eine Expositur des Benediktinerklosters Kladrau. Die Zahl der Kladrauer Mönche, welche in Zbr. die Geschäfte zu führen hatten, war nicht groß. Nur 2 oder 3 wurden jeweilig dahin entsandt (Hunc tres vel bini coluere locum Cladrubini).

cp. 40. Aula Regia empfängt seine Mönche von Sedletz. Die Abgehenden, alle würdige Männer, werden in den Versen einzeln namhaft gemacht: der ältere Theoderich, den tiefe Frömmigkeit beseelt (Theodericus senior pietatis amicus), der tugendhafte Heinrich (. . . Heinricus, qui redimitur / virtutum flore . . .) der sittenstrenge Albert (Alberte veni, quia scimus, Quod sis homo mundus . .), der keusche Otto (procedat et Otto pudicus), Johannes und Conrad (mox sociatur . . . / Johannes — subito comitante priore Conrado . . .), der jüngere Theoderich (secundus Theodericus), Gottfried (Gottfridus veniat) und Godefried, ein guter gläubiger Mann (Vir bonus et fidus assit post hunc Godefridus), der bei allen beliebte Berthold (Vir cunctis gratus venies Bertholde vocatus), die beiden Diethmar (Christi famulus . . . . iungitur Diethmarus primus — et nonus in ordine fiat alter Diethmarus virtute sceinate clarus)*).

cp. 43. Wenzel II. begibt sich, bevor er seinen Kriegszug gegen Krakau unternimmt (1292), zu den Mönchen von Königsaal, um die für sein Leben besorgten, die in ihm ihre Stütze sehen, zu trösten. Er ermahnt die Mönche zur Frömmigkeit (Christo servite fratres et vivite rite), er fordert sie auf für ihn zu beten und verheißt dem Kloster nach glücklicher, siegreicher Rückkehr ungemessene Wohlthaten (Oretis Christum quod me dignetur ad istum ' Hostibus attritis revocare locum quasi vitis / abun-

---

*) Man beachte die durchwegs deutschen Namen der Mönche. Cf. Loserth l. c. p. 474, Z. 9. v. o.

dabit locus hic et fructificabit / Si fretum palma victrice reduxerit alma / Protinus ad propria me sanum virgo Maria.)

cp. 105. Zu den Prager Bürgern, die es mit Heinrich von Kärnten hielten, gehörte auch Hiltmar Fridinger, der von fanatischen Anhängern der Gegenpartei vor der Minoriten - (Jacobs)kirche getödtet ward. Zum Gedächtnis dieser Unthat ist — das fügen die Verse hinzu — ein Kreuz vor der genannten Kirche errichtet worden (Crux haec adhuc durat, quod factum tale figurat / cernunt ante fores hanc stare fratres Minores).

B. Culturhistorisches.

Liber I. cp. 2. Die dieses Capitel beschließenden Verse schildern die Erfolge des neuen Regimentes Prschemysl Ottokars II. Dieser legte, um den Bewohnern seines Reiches den Frieden zu wahren, Befestigungen an und versuchte als Erziehung zum Waffenhandwerk die Einführung des Turnierwesens in den Kreisen der Barone. Seine Bemühungen begleitete Erfolg. Die Söhne der Barone erlernen bald die Waffenspiele und leisten dem Gegner tapferen Widerstand (mox iuvenes discunt pugnas hostique resistunt strenue). Allmählich beginnt das bisher von den Fesseln der Rohheit am höheren Aufschwung gehinderte Volk (ruditatis irretiti laqueis) sich auf eine gewisse Bildungsstufe zu heben Es lernt Selbstbeherrschung gegenüber den Beleidigungen der Ausländer (discunt: dum erubescunt illata opprobria ab extraneis sustinere). Die Idee der auf gegenseitiger Achtung beruhenden gesellschaftlichen Ordnung beginnt im Volke zu dämmern (sese mutuo revereri omnes coeperunt). So gelangt, zwar auf dornenvoller Bahn, das Volk zu Ruhm und Ansehen (in tornamentis incepit gloria gentis istius augeri).

cp 3. enthält in den ersten beiden Verspartieen als directe Fortsetzung der in cp. 2 begonnenen Schilderung eine Darstellung der weiteren Segnungen des Friedens, wie sie sich in der Ausgestaltung der gesellschaftlichen Zustände geltend machten. Der Wohlstand des Bürgers wächst (cives ditantur), doch auch der Landmann kennt keine Noth (colonus egere nescit); denn das Land ist fruchtbar (gignere consuevit fructus — terra) Frömmigkeit wohnt unter den Mönchen (monachi Christum venerantur) wie überhaupt im ganzen Lande (. . Christo famulantur rege sub isto). Ruhe und Sicherheit herrschen im Inneren (non est ibi lis, neque guerra und nullus turbatur, nullus penitus spoliatur / omnes pacifice pariter vivunt . . .), auch von außen droht kein Feind (. . ab hoste quievit extraneo terra), so dass sich eine heitere, friedliche Geselligkeit entwickeln kann (amice conveniunt, comeduntque bibunt, in pace recedunt). Jeder ist zufrieden mit seinem Besitz, (sic stant contenti propriis) hilfbereit kommt der Reiche dem Armen entgegen, (dives egenti / munera porrigit). Unrecht wird gut gemacht durch gerechten Richterspruch (mala corrigit arbiter aequus).

cp. 4. Die Regierung Ottokars war in Kärnten, Krain und der windischen Mark besonders für die rechtlichen Zustände dieser Länder von Bedeutung. (Sic rex subiectas terras regit ecce potenter / iustitiae rectas semitas sectando frequenter). Kein Verbrechen, von dem er Kenntnis erhielt, ließ er unbestraft (ante suum vultum nunquam pertransit inultum / crimen prolatum).

cp. 11. Währed der Abwesenheit des jungen Wenzel II. von Böhmen herrschte daselbst völlige Anarchie. Stadt und Land waren in Aufruhr. Die Verse vervollständigen die Schilderung der Verwirrung. Aus ihnen erfahren wir, dass die rechtlichen Begriffe so tief gesunken waren, dass derjenige, der nur nicht raubte, schon als rechtlicher Mann galt (Qui non praedatur hic iustus esse putatur), dass Treubruch zur Regel ward (est violare fidem lex). Alle Schranken des Alters (excedit metas fallendo quaelibet aetas), des Standes und Besitzes (modus omnibus idem) waren gefallen. Besonders hervorgehoben wird, dass auch der Clerus verachtet und von der allgemeinen Plünderung nicht ausgenommen war (Clerus calcatur, contemnitur et spoliatur). Ja, den Raub an Klostergut hielt man sogar für einen Christus geleisteten Dienst (obsequium Christo. regno mansurus in isto reddere se credit, qui claustrorum bona laedit). Auch der friedliche Ackermann und der Hirt greifen zu den Waffen (rusticus armatur et pugnat, damna minatur / imperat atque saevit, qui porcos pascere suevit).

cp 13. Die allgemeine Noth im Lande machte sich damals auch in den Klöstern bemerkbar, so in Sedletz. In den Versen wird das traurige Bild weiter ausgemalt. So erfahren wir, dass Fische als noch zu theuer galten und eine seltene Speise waren. (Piscis raro datur monachis, cum non habeatur copia nummorum). Die Noth währte einige Jahre hindurch (. . . talem monachi puto cursum sumptibus et pannis tenuerunt pluribus annis). Unter dem Abte Heidenreich aber sieht das Kloster wieder bessere Zeiten. Fruchtbare Jahre kommen ins Land. Die Mönche entfalten eine rege Thätigkeit. Die einen richten Meierhöfe ein (comparat hic villas), andere suchen die verstreuten Wertgegenstände, die man einst aus Noth zu verkaufen gezwungen war, zurückzuerwerben (. . . res sibi congregat illas / quas distraxerunt alii, qui forte fuerunt ante malis dediti . .). Bald bevölkern sich auch wieder die verödeten Klosterräume. Die Mönche, die in den Tagen der Noth anderen Klöstern zugetheilt werden mussten, da die Mittel zu ihrer Erhaltung fehlten, kehren wieder zurück (Benedic . . . Mariam / quae . . . ab exilio revocavit / praedilectorum tibi conventum monachorum).

cp 35. In den Versen, die sich anschließen an die Nachricht von dem großen Brande, der die Stadt Prag im Jahre 1291 heimsuchte, wird erzählt, dass Prager Bürger einen betrügerischen Handel mit Stoffen und Stahlwaren trieben, indem sie gewöhnliche Waren als Genter Erzeugnis verkauften. Sie rechneten sich diesen Betrug noch zum Lobe an. (Multi Pragenses cives radunt, velut enses / Pannos vendentes de Gaudano vel ementes Res aliquas, fraudem talem reputant sibi laudem).

cp. 53. Zur Zeit der Regierung Wenzels II. tauchten in Prag drei Jünglinge auf, deren Sprache und Wesen fremd war, und deren Herkunft auch dunkel blieb. Eine nähere Charakteristik geben die Verse Sie stießen bald feine, bald wilde Laute aus (emittunt voces tenues satis atque feroces). Ihre Bewegungen, das Laufen, waren schwerfällig (Sunt in currendo brutales . . .). Sie vertrugen Wein (utuntur vino) und aßen das Fleisch in rohem Zustande (. . . carnes quoque more lupino non coctas comedunt) Sie hatten den Glauben an einen von einer Jungfrau geborenen Erlöser der Welt (de virgine credunt / Natus cunctorum sit salvator populorum).

cp. 66. Mit welcher Freude das Volk die von Wenzel II. eingeführte neue Münze begrüßte, zeigen deutlich die Verse. Alles trachtet in den Besitz dieser Geldstücke zu gelangen und sie sorgfältig zu bewahren. (Corda facit laeta quasi pluribus ista moneta: / Grossum denarium multi reputant quasi dium , Hunc qui conservant pluresque simul coacervant / . .) Doch auch im Ausland weiß man den Wert des neuen Geldes zu schätzen. Wohl geht so manches Stück über die Grenze und verbleibt dann im fremden Land. (Nam solet exire regnum nescitque redire / Nam bene vincitur, cum deforis hic reperitur, / et custoditur, ad qui d valeat bene scitur).

cp. 71. Wenzel II. hatte zum Kampfe gegen Albrecht I., der i. J. 1304 in Böhmen stand, die Barone aufgeboten. Sie brachten aber, wie die Verse melden, dem Lande mehr Schaden, als wie die Feinde (Plurima dampna ferunt terrae, cum proelia quaerunt, / Nostri barones faciunt hoc simul et Wladicones*). Plus regnum laedunt inimicis, qui cito cedunt). Sie kennen ja alle Verhältnisse, alle Örtlichkeiten, die Besitzthümer des Einzelnen

---

*, Wir erfahren aus diesen Versen zugleich eine Bezeichnung des Adels: Wladyken. Barones und Wladicones erscheinen hier bereits unterschieden.

gut und hausen umso schlimmer (Nostri cognoscunt, quid habet quis et hoc male poscunt / Nam loca cuncta sciunt, peiores indeque fiunt.) Alllein mehrere von ihnen müssen ihr Vorgehen mit dem Tode büßen (Ast ideo plures suspenduntur quasi fures).

cp. 88. Die dieses Capitel beginnenden und abschließenden Verse fügen der auch in Prosa gebotenen Schilderung des Unglückes, das mit Heinrich von Kärnten ins Land kam, einige neue Züge hinzu. Der Freie sieht sich gezwungen Dienste zu nehmen und die Felder zu vernachlässigen (Liber servire, seges incipit ampla perire). Der Bürger kämpft mit dem Ritter (quivis bellat cum milite civis). Andere wieder ergreifen die Gelegenheit und bereichern sich mit königlichen Gütern (Quod potuit rapere de regno quisque tenere / hoc voluit, villas hic, urbes hic tenet, illas / non reddit, servant regalia sic et acervant / multi multa bona sibi . .).

cp. 112. Heinrich von Luxemburg verschaffte seinem Bruder Baldivin die Stelle eines Erzbischofs von Trier, (1307) aber nicht durch Geld, sondern durch seine Bitten, wie in den Versen ausdrücklich bemerkt wird (. . haec tunc sedes bene venit / pro prece non pretio : . .) Aus dieser Bemerkung ist zu entnehmen, welcher der gewöhnliche Weg bei Besetzungen war. Peter knüpft daran eine Verurtheilung der Simonie (Haec est namque via, per quam graditur simonia), indem er sie als ein ungesetzliches Vorgehen bezeichnet (. . . sit iniqua lex cum summa datur, quod episcopus efficiatur / quis vel praelatus), auf dem nicht der Segen ruhe (Et confunduntur, quicunque per hanc gradiuntur.

cp. 113. Heinrich VII. hatte als Graf in Luxemburg stets den Frieden aufrechtzuerhalten gewusst (Hoc bene mercator scit quilibet atque viator / Quod bona cotidie pax est illi comitiae / De qua rex iste fuit assumptus).

Liber II. cp. 16. Peter nennt als Quelle für eine Nachricht in den Versen die fremden Kaufleute, welche die Märkte besuchen (hoc dicitur a peregrinis / Hoc ipsum referunt, qui pro lucro fora quaerunt).

C. Völker und Personen.

a) Völkercharakteristik.

Liber I. cp. 9. Die Schlussverse dieses Capitels enthalten interessante Bemerkungen über die Unterschiede des bairischen und sächsischen Stammes. Der Sachse erscheint feiner, der Baier rauher. Des ersteren Sprechweise ist kurz (Saxo brevis oris) und schnell (Saxo linguae velocis), die Stimme klingt fein (subtilis erat quoque vocis). Der Sachse beobachtet beim Sprechen mehr Anstand (Saxo recolligit os) als der Baier, dessen ungezügelte, wilde Redeweise eher einem Brüllen ähnlich sei (Bavarus loquens boat, ut bos / exaltans vocem grossam nimis atque ferocem). Wie die Nachteule nicht die Elster, so verstehen sich diese beiden nicht, obgleich sie doch derselben Nation angehören. (. . non intelligit ille / Linguam Saxonicam, sicut nec noctua picam . . . / Quamvis Teutonici possunt ambo benedici). Nur so wie der Geruch eines Wassers das Gestein verräth, durch das es gesickert ist, lässt sich im Dialect des Sachsen das dem bairischen ähnliche Element entdecken (Hinc tua vox Saxo redolet Bavaro, quasi saxo / Undarum stillae . . .).

cp. 19. Der Heirat Wenzels II. mit Guta wurde auch deshalb Bedeutung beigelegt, weil man damit den nationalen Gegensatz zwischen Deutschen und Böhmen, der immer in einer feindseligen Haltung der Böhmen gegen die Deutschen, die „Freunde des Friedens und der Ruhe" zum Ausdruck kam, zu überbrücken hoffte (Conubiis quorum rixae veteres Bohemorum / Digne delentur, quas semper habere videntur / contra Theutonicos, pacisque quietis amicos).

cp. 109. Die Krönung Johanns zum König von Böhmen findet statt im Beisein einer großen, freudig bewegten Menschenmenge, die ihren Gefühlen im Gesange, den sie von selbst erhebt, Ausdruck leiht (movet a se contio planctum). Die Verse: Turba Bohemorum canit hoc, quod scivit eorum / Lingua sed ipsorum pars maxima Teutonicorum / Cantat Teutunicum gestatten eine zweifache Auslegung: Einmal, dass ein Theil der Böhmen in der eigenen Sprache, ein anderer, der größte Theil (indem ipsorum auf Bohemorum bezogen wird), deutsch singt, oder dass die Böhmen in ihrer Sprache, die Deutschen aber zumeist deutsch singen (wobei das ipsorum auf Teutunicorum bezogen wird). Ersterer Auffassung bietet der Genetiv Teutunicorum, letzterer das „ipsorum" Schwierigkeit. Die nächsten Verse, die besagen, dass darnach der Clerus einen Gesang anstimmte, der allen dort versammelten Völkern angenehm war (. . . sed clerus psallat amicum / carmen, quod cunctis placuit populis ibi inuctis), womit wohl ein lateinischer Kirchengesang gemeint ist, könnten eher zu der Annahme bestimmen, dass damals außer Böhmen auch Deutsche in größerer Zahl versammelt waren. Der Zusatz: quod scivit eorum lingua, zu dem Gesange der Böhmen deutet auf eine im Volke verbreitete Literatur (an Kirchenliedern) hin.

cp. 6.) Die Verse geben eine Charakteristik der ungarischen Nation. Sie bekommt die Prädicate „rasch" und „leidenschaftlich" (. . . . bene rexit) / Ungaricam gentem, celerem satis et vehementem). Eine Fortsetzung erfährt diese Charakteristik in den Versen des cp. 68. Peter will oft gelesen haben (saepisseme legi), dass die Ungarn keine feste Freundschaft kennen (legi, quod gens Ungarica constans fore nescit amica). Das Volk sei leicht beweglich (gens ista est levis), liebe es, frei umherzuschweifen (latatur gens haec), sei schwer im Zaume zu halten (raro domatur). Grausam führe es seine Waffe, den Speer (. . . . iaculis est saevaque saevis). Diese letztere Bemerkung ist zu verbinden mit den im cp. 124) gegebenen interessanten Nachrichten über das Kriegswesen der Ungarn. Der regelrechte Gebrauch der Waffen erfährt im Lande nur wenig Übung und Pflege (Usus armorum gens non habet Ungaricorum). Zieht der Ungar ins Feld, so geschicht dies nur zu Pferde (. . . . postea captat / ut sibi fiat equus velox et cursibus aequus). Bald hier, bald dort erscheint er. Den fest bestimmten

Kampfplatz und damit den harten Strauß nach deutscher, schwäbischer Art vermeidet er. (Non vult tranquille stando pugnare sed ille / Aut fugit, aut agitat aliquem, sic proelia vitat, / Quae fiunt dura servando suevica iura). Die Kleidung, Untergewand und Fellwams, ist den Gliedern eng angepasst. (Pellicium strictum portat, tunicae vel amictum / Qui nimis est artus, quo stringit fortiter artus). Der Leib ist gesalbt (Et cernes cunctos lardo vel carne peruncto). Als Waffe führt der Ungar den Bogen, den er rasch zu spannen versteht (plures offendit suus arcus, quem cito tendit). Diese leicht zu handhabende Waffe erlaubt eine bequeme Vertheidigung nach allen Seiten hin (Arcum tendendo velociter et iaciendo, / ex omni parte se tali protegit arte / Nam iacit ante retro ...) Wohl in Anbetracht ihres wilden Wesens sieht sich Peter veranlasst, die Ungarn Hunnen zu nennen (Nec parcunt uni telis volitantibus Hunni / Ne fias funus, hostis non sit tuus Hunnus). Über die geistige Begabung der Nation äußert sich Peter wenig schmeichelhaft; denn er bezeichnet sie als eine niedrige (Ungaricae gentes curtas quoque mentes). Interessant ist auch, dass Peter spricht von ungarischen Stämmen (Ungaricae gentes).

b) Personen.
α) Charakterschilderungen.

Liber I. cp. 2. Die erste Parthie der Verse bietet eine überaus plastische Schilderung des Charakters Prschemysl Ottokars II., der seinen Unterthanen ein Muster und Vorbild in der Lebensführung sein wollte. Ottokar war beharrlich (constans), ein Mann von feinen Sitten (urbanus) und klugem, zurückhaltendem Wesen (prudens, discretus). Seine Rede war klar, deutlich (sermone planus) und sicher (in verbis tutus). Gewissenhaft beherrschte er sich, um nicht innere Erregungen merken zu lassen. Selten sah man ihn traurig (raro fuit tristis), er war stets bestrebt, heiter zu erscheinen (semper studuit fore laetus). Selten kamen rauhe, beleidigende Worte über seine Lippen (raro fuit ipse locutus / Aspera vel verba, quae turpe sonant vel acerba) Der König war fromm (. . sic semper vixit in istis /. Mundanis rebus, quod noctibus atque diebus / in Christum credit, nec ab eius laude recedit).

cp. 4. Die Verse: Proficit iste . . . ff. bringen eine strenge Kritik des Charakters des Patriarchen Philipp von Aquileia, des Bruders Ulrichs von Kärnten Philipp erscheint nicht als Mehrer, sondern als Verschleuderer der kirchlichen Besitzthümer (Proficit iste parum, res dissipat ecclesiarum, / . . . bona consumit crucifixi). Er ist ärger als ein Räuber, denn er schädigt sogar den bedürftigen Kleriker (Quod fit egenorum destructor canonicorum / Raptor vel praedo non est similis sibi credo). Allgemein ist sein hässlicher Charakter bekannt (Discolus est totus ac omnibus undique notus).

cp. 15. Die zweite und dritte Folge von Versen gewähren tieferen Einblick in das Wesen des jungen Wenzel II. An den Fehlern anderer, an ihren Reden und Handlungen suchte er zu lernen (Quem semel audivit vocem proferre nefandam / Vel forsan vidit facientem rem reprobandam / Ipse pius princeps studuit vitare deinceps). Sein Gewand war einfach verfertigt (nunquam partita), aus gewöhnlichem, einfachem Wollstoff (vestis simplici lana / numquam . . . variore colore polita).

cp. 18. Die Verse tragen bei zur Vervollständigung der Charakteristik des Zawisch. Unter all den tausenden von Unterthanen, die sich vor ihm beugen, ist kein einziger, der ihn lieben oder achten oder gar mit einer Ehrengabe bedenken würde (qui veneretur, / vel qui sibi pro honore / Exhibeat munus, non est in millibus unus). Als ihn der König mit seiner Mutter verlobt, und ihn von dann an als Vater betrachtet, ist Z. darob hocherfreut; steigt ja dadurch sein eigenes Ansehen (Zawissio . . . / desponsat matrem / post haec tenet hunc, quasi patrem. / Ex hoc laetatur Zawisch, quod magnificatur / Per mundi gyrum.)

cp. 28. Rauschende Feste während mehrerer Tage werden zur Feier einer Zusammenkunft Wenzels II. mit

K. Rudolf I. und seiner Tochter Guta in Eger abgehalten. Der alte Kaiser, dann Wenzel mit Gute eröffnen den Tanz (Hinc ducendo chorum rex exultat Romanorum / Guta gradu subito sequitur comitante marito ..). Vor dem Abschied ertheilt Rudolf dem scheidenden Schwiegersohn in Gutas Gegenwart (praesente filia) Lebensregeln: Gott und den Heiligen möge er sich gehorsam zeigen (Hactenus o iuvenis ff...), seiner Gattin solle er eheliche Treue bewahren (Gratus eris, si solius mulieris, contentus fueris amplexibus ...) kurz, doch wahr und aufrichtig sei seine Rede (Utere veris / Et brevibus dictis, nec quemquam decipe fictis), Inhalt und Form jeder Rede sei wohl überlegt. (Quando cupis fari, bene debes praemeditari, / Quae sit verborum virtus vel forma tuorum).

Schmähungen möchte er unterlassen (nulli penitus maledicas). Zu hüten habe er sich vor leeren Versprechungen (Quod tu nolueris dare, numquam polliciteris). Mäßig sei er in Speise und Trank (contentus moderatis / Potibus atque cibis.) Sparsam gehe er mit dem Gelde um: die Würfel möge er meiden (talos fuge) und den Soldaten nicht Geschenke geben (Munera porrigere tyronibus atque cavere / Debes, ne misere tandem videaris egere.) Ferne möge er sich halten von allem Raub (nec delectare rapinis). Als Rächer trete er nur dann auf, wenn der verbrecherische Thäter zweifellos erwiesen sei (Non ulciscaris, nisi certius experiaris / Excessus hominis). Gerechtigkeit zieme dem Richter (Justus et aequalis esto iudex ...) Dem Fremdling gebüre freundliches Entgegenkommen (Hospitibus laetum te praebe, sive quietum'. Überhaupt aber folge er dem Rathe und Vorbild weiser Männer, den Gesetzen der guten Sitte. (Regnabis tutus sapientum verba secutus / Si fueris, morum leges imitare bonorum).

Diese Verse sind deswegen interessant, weil wir in ihnen ein genaues Bild von dem Charakter Kaiser Rudolfs erhalten.*/ (vgl. damit die Verse in cpt. 34, Vivite

---

*) D. König: Über Denkverse im Mittelalter, Forschungen z. deut-

gaudenter ... die eine gleiche Scene bei einer Zusammenkunft in Erfurt zum Gegenstande haben).

cp. 88. Das Volk bezeichnete Heinrich von Kärnten als undankbar (Fit rex ingratus vulgari voce vocatus.

cp. 93. Heinrich von Kärnten liebte es mehr leiblichen Genüssen zu huldigen, als sich mit Regierungssorgen zu plagen. Gerne spricht er dem Weine zu (vacuare / Solum scit vinum), verzehrt er vor dem Kamine einen frischen Braten (cui complacet ante caminum / Assatura nova) oder kocht er sich — und das ist so recht bezeichnend für die Tändelei des Königs — Eier (si non habet hanc, coquit ova).

cp. 126. Die Verse, die sich an die Erzählung vom Ende des jungen Johann von Wartenberg anschließen, ergänzen die Charakteristik in der vorangehenden Prosa insofern, als sie ihn uns als freigebig (largus) und besonders als ehrgeizig (Quidquid spectabat ad honores, illud amabat) schildern.

Liber II. 9. Aus dem Epitaphium gewinnen wir ein deutlicheres, reicheres Charakterbild von dem Sedletzer Abte Heidenreich, als es aus den sonstigen gelegentlichen Mittheilungen (z. B. I. 13.) zusammengesetzt werden könnte. Hier wird uns die Frömmigkeit dieses Abtes geschildert, der immer wach war zum Gebete, (Pervigil orabat), der längere Zeit fastete (ieiunia continuabat), der nur selten die Messe zu lesen unterließ (Vidimus obmissas per cum raro fore missas), bei der ja seine Seele solche freudige, kindliche Andacht erfüllte, dass er zu Thränen gerührt ward. (Has cum complevit, ob cordis gaudia flevit). Zu rechter Zeit und am rechten Orte war er auch heiter und verschmähte selbst, dabei seinen Ernst bewahrend, den Witz nicht (Quando requisivit

---

schen Geschichte B. 18 p. 562 bemerkt: „Über König Rudolfs von Habsburg Leben und Wirken sind trotz der mannigfachen anecdotischen Züge in demselben verhältnismäßig weniger Denkverse erhalten, als wir erwarten sollten nach der Popularität dieses Königs."

locus aut tempus, bene scivit Esse suis laetus et cum gravitate facetus).

cp. 22. Peter sagt uns in den Versen, dass der ältere Heinrich von Lipa an der Welt hieng (mundi... amicus) und immermehr nach den Schätzen und Ehren derselben strebte (Et cum mundo res plures quaerens et honores).

cp. 25. Johanns Gemahlin, Elisabeth, wird von Peter geschildert als kluge, fromme, beständige, einfache Frau (Haec humilem mentem, stabilem, fidam, sapientem / In se portavit . . . .) Stolz war ihr fremd. Gerne wandte sie sich dem niedrigen, von der Welt verachteten Manne zu (Personas humiles . . /. Despectas mundo dilexit corde iocundo). Lieber als die Scharen der Vornehmen empfieng sie Ordensleute. (Quando claustrales fratres monachi, moniales / Praesentes fuerant, sibi gaudia plura ferebant / Quam procerum turbae, qui congerebantur in urbe). Sie selbst wäre am liebsten in ein Kloster gegangen (Mens fuit huic talis, fore quod vellet monialis / Hoc perfecisset vivens, sibi si licuisset). So suchte sie wenigstens in ihrer Rede, Kleidung und Lebensweise sich möglichst einer Klosterfrau zu nähern (Verbis, in victu, quantum potuit, vel amictu / Se confirmavit monachabus). Nicht müßig verbrachte sie den Tag. Eigenhändig verfertigte sie manches Stück priesterlichen Ornates, womit sie besonders Königsaal beschenkt (. . . propriis manibusve laborat / Ornatum multum parat ad domini quoque cultum / Hoc demonstrare valet haec domus . . . .) Ernste Thätigkeit, Lesen und Beten füllt die übrige Zeit aus (Aut legit, aut orat . . .).

β) *Biographisches.*

Liber I. cp. 19. Kunigunde von Machov, die Mutter Wenzels II. und zweite Gemahlin Prschemysl Ottokars II. wird in Prag in der Kirche des hl. Franz begraben (Mortua conditur et in ecclesia sepelitur / Sancti Francisci . . .). Die Minoriten, Eremiten, die Priester des deutschen Ordens trauern um die Verstorbene (. . . Wilhelmitae . . ./ Nec non Signiferi secularis concio cleri / Qui cantavere pro defuncta miserere).

cp. 47. Aus den Versen erfahren wir, dass die Ehe zwischen Wenzels II. Tochter Agnes mit Rupert, dem Sohne Adolfs von Nassau, nur kurze Zeit dauerte. Agnes stirbt bald und wird in Königsaal begraben (Mox Agnes moritur et in ecclesia sepelitur / Aulae regalis . . .).

cp. 49. Gleichfalls in Königsaal bestattet liegt den Versen zufolge Wenzels zweite Tochter Guta (in claustro sepelitur / Aulae regalis . . .).

cp. 59. Wenzel II. liebte es sich mit Geistlichen zu umgeben, die ihn zu einer sittlich guten Lebensführung anleiten sollten. Die verschiedensten Orden waren da vertreten: die Prämonstratenser, Cystercienser und Kreuzherren (Praemonstratenses ibi sunt / Cysterbuecienses / Et Crucesignati per signa crucis variati). Nicht selten fanden sich die Benedictiner ein (Et monachi nigri visi non sunt ibi pigri). Die Franziskaner, Dominikaner, Augustiner, Eremiten und Carmeliter fehlten nicht und mindestens zwei, doch gewöhnlich mehr Angehörige dieser Orden, weilten am Hofe des Königs (Fratres Francisci, fratres etiam Dominisci / Ac Augustini, raro fuerant ibi bini / Sed plures riti, qui dicti sunt Heremitae et Carmelitae sunt hic . .).

cp. 72. In den Versen dieses Capitels erfahren wir von früheren poetischen Versuchen Peters: Er gedenkt der Zeit, da er das Leben und Leiden des Heilands besang (Carmina qui quondam studio florente peregi / Flebilis heu quondam dictamina consona legi / Christi, quae laeto sermone carent, quia leto Laetitiae cedunt . . .) Man wird vielleicht an poetische Schulübungen zu denken haben.

cp. 90. Abt Konrad von Königsaal war in Begleitung Peters zu Heinrich VII. gegangen, und hatte ihm die Zusage abgerungen, Elisabeth, der einen Tochter Wenzels II. zur Königswürde zu verhelfen. Nach den Versen ist es Peter, der diese freudige Botschaft nach Prag bringt (Ast ego laetanter redii Pragam properanter).

cp. 92. Peter citiert in den Schlussversen einen Spruch, der einer Stelle bei Horaz nachgebildet ist, und bemerkt dazu, dass er sich desselben noch aus seinen Jugendjahren her entsinne (Nam puer audivi versum, quem postea scivi).

cp. 113. Aus dem Vers: Haec qui viderunt, illic mecunque fuerunt geht hervor, dass Peter der Krönung Heinrichs von Luxemburg i. J. 1308 anwohnte.

Liber II. cp. 9. Die Verse melden uns, welche geistlichen Würden der im Jahre 1320 verstorbene Mainzer Erzbischof Peter, der aus der Trierer Gegend stammte, bekleidet hatte. Er war Probst in Trier, am Wyssehrad, Pfarrer in Bingen und Bischof in Basel. (Praepositus Treverensis erat, post Wissegradensis, Pastor Winnensis*) et praesul Basiliensis, Maguntinensis erat hic). Er war ein freigebiger Kirchenfürst (Prosper in impensis fuit ipse) und Förderer allgemeiner Interessen (Fructibus immensis aderat sibi causa forensis).

cp. 11. Die Verse sagen uns, dass Margaretha, die Gattin des Herzogs Boleslaus von Schlesien und Tochter Wenzels II. bei ihrem Tode noch nicht ganz 26 Jahre alt war (Non habuit plenos annos sex atque vicenos).

Liber II. cp. 13. Peter erwähnt, dass er mit Maria, der Schwester Johanns von Böhmen und Gattin Karls von Frankreich öfter verkehrte. In den Versen wird das näher bestimmt. Peter scheint nämlich der Beichtvater der Königin gewesen zu sein (Haec pia cum vixit, secreta mihi sua dixit / Plurima).

cp. 23. Peter erwähnt in den Versen einen satyrischen Dichter aus dem Beginn des 13. Jhdt., Neidhard. Peter war also auch in der deutschen Literatur bewandert.**)

cp. 30. Aus den Versen dieses Capitels erfahren wir, dass die zwischen dem verwitweten König Johann von Böhmen und Elisabeth, der Tochter Friedrichs von Oesterreich, vereinbarte Ehe am Feste des hl. Martin vollzogen werden sollte (1322). (Festum Martini, quo debe-

---

*) Forschungen zur deutschen Geschichte Bd. 9. p. 276—77.
**) Cf. Palacky: Würdigung d. alten böhmischen Gesch. p. 133.

bant fore bini / insimul in lecto, cuncto dubioque reiecto /
Est iam transactum, sed adhuc nil audio factum), dass
dies aber nicht der Fall war, und auch weiter nichts verlautete.

Verzeichnis der Verse, welche neue Nachrichten enthalten.

A) a) Politische Geschichte:
    I. 5, 61, 114.
    II. 7, 14.
  b) Kriegsgeschichte:
    I. 4, 7, 8, 18, 43, 103, 110.
    II. 17.
  c) Kirchengeschichte:
    I. 19, 33, 37, 38, 40, 43, '05.
B) Culturgeschichte:
    I. 2, 3, 4, 11, 13, 35, 53, 66, 71, 88, 112, 113.
    II. 16.
C) Völker und Personen.
  a) Völkercharakteristik:
    I. 9, 19, 109, 6, 124, 68.
  b) Personen:
    α) Charakterschilderungen:
      I. 2, 4, 15, 18, 28, 88, 93, 126
      II. 9, 22, 25.
    β) Biographische Daten:
      I. 19, 47, 49, 59, 72, 90, 92.
      II. 9, 11, 13, 23, 30.

Aus dieser Uebersicht ist auch die Unrichtigkeit der Behauptung von Lorenz zu ersehen, dass besonders die Verse der Capitel 1—51 des ersten Buches nur eine sclavische Umformung der Prosa seien. Gerade das Gegentheil ist der Fall.

2.

Lorenz lässt es sich nicht genügen, den Versen jeden sachlichen Wert abzusprechen, er wünscht sogar, dass sie in der Chronik überhaupt nicht vorhanden wären, und dies aus einem stilistischen Grunde. Ohne sie würde sich angeblich die Darstellung in einem ununterbrochenerem Flusse fortbewegen.

Eine nur äußerliche Betrachtung der Chronik zeigt nun aber schon, dass der Prosastil überaus oft von der gebundenen Rede abgelöst wird, dass mitten im Satze die Prosaform abbricht und die der gebundenen Rede an ihre Stelle tritt, oder auch umgekehrt.*) Lorenz kann demnach mit seiner Behauptung, die Darstellung würde ohne die Verse glatter verlaufen, nicht sagen wollen, dass man die letzteren einfach streichen könnte, sondern nur, dass der Chronist öfters die Einflechtung von Versen hätte unterlassen sollen.

Eben die erwähnten Fälle, in denen sich Verse nicht ausschalten lassen, ohne dass stilistische Aenderungen eintreten müssten, lassen uns auch nicht ohne Einschränkung einer weiteren Behauptung von Lorenz zustimmen, dass nämlich die Verse die Darstellung niemals fortsetzen. Es dürfte indessen Lorenz dieselbe auch nicht in dieser Allgemeinheit aufgefasst wissen wollen, sondern nur in dem Sinne, dass die Prosadarstellung niemals von Versen weitergeführt wird, die Nachrichten enthalten, welche wesentlich zur Prosaerzählung gehören, deren Ausfall das Verständnis des Zusammenhanges alterieren würde. Wie könnte auch nach Lorenz je eine Fortführung der Erzählung durch die Verse in dieser Weise erfolgen, wenn sie (nach ihm) gar keine neuen Nachrichten enthalten und immer nur das schon Erzählte wiederholen! Aber auch jetzt können wir uns noch nicht auf Lorenz' Seite stellen.

Wir dürfen aber nicht als Gegenbeweis alle die in Abschnitt I. aufgezählten Beispiele von Versen mit neuen Nachrichten anführen, weil es ja keineswegs nöthig ist, dass jede neue Nachricht wesentliche Bedeutung für den

---

*) Z B. im ersten Buch in den Kapiteln 7, **17,** 35, **58,** 97, 101, 107, **105,** 106, 109 u a. m.

Zusammenhang besitzt und oft unbedenklich wegfallen könnte, sondern nur diejenigen, wo beides, die Neuheit der Nachricht mit ihrer Unentbehrlichkeit vereinigt sind. Wir verzichten hier auf die Namhaftmachung derselben, weil eine größere Zahl von ihnen in einem anderen Theil dieser Arbeit mit aller Ausführlichkeit besprochen wird.*)

3.

Es bleibt uns von den Bestimmungen, die Lorenz und Loserth bezüglich der Verse gegeben haben, noch eine zur näheren Prüfung übrig.

Loserth will finden, dass die Verse zumeist nur die Gefühle ihres Schreibers wiedergeben, welche die äußeren Ereignisse in ihm erweckten. Er bezeichnet sie demgemäß als „lyrische Ergüsse".

Es muss nun zugegeben werden, dass in der That Verse mit rein lyrischem Inhalt ohne Mühe nachzuweisen sind. Außer bei einigen Gebeten trifft dies auch sonst noch zu. Fasst man aber den von Loserth gebrauchten Ausdruck „lyrische Ergüsse" in strengem Sinne auf, dann fällt die weitaus größte Zahl der Verse der Chronik außerhalb dieser Charakteristik, denn man kann jene Bezeichnung nicht gut anwenden auf alle die Sprüche, Regeln, Reflexionen, Ermahnungen und auf die Stellen, welche, wie Loserth selbst sagt, die erzählten Handlungen mit Lob oder Tadel begleiten.

Dass das Werk der Königsaaler Äbte mehr sein soll als eine rein historische Arbeit, die lediglich den Zweck verfolgt, eine Summe von Daten aufzubewahren, das haben die Autoren selbst an wiederholten Stellen ihrer Chronik zum Ausdruck gebracht.**) Sie wünschen, dass die Leser aus der Darstellung der Wechselfälle des menschlichen Lebens, der Vorführung verschiedener Charaktere

---

*) s. IV.: Über die Verfasser der Verse in den Capiteln 1—51 des ersten Buches.

*) I. cp. 1. II. cp. 27 (auf p. 483).

Belehrung und Erbauung schöpfen möchten. Sie überlassen es aber nicht dem Leser, selbst auf die stummen Mahnungen und Lehren der Geschichte aufmerksam zu werden, sondern weisen selbst auf diese hin. Und hier liegt der Zweck, die Aufgabe der Verse. Sie sind das stilistische Mittel, dessen sich die Autoren der Chronik in der Regel bedienen, wenn sie eine Belehrung des Lesers anstreben.

Besonders charakteristisch sind da solche Fälle, wo direct auf diese zwischen der gebundenen Rede, in der allgemeine Lebensregeln und Grundsätze aufgestellt werden und der Prosa, die einen speciellen Fall erzählt, bestehende Beziehung hingewiesen wird.

Wir führen nun einige Beispiele an.

I. cp. 37: Exemplis horum famuli discant dominorum.
Conservare modum puniendo, ne sibi nodum
Implexum faciant, pueris quoque fabula fiant . . . .
I. 70: Nunc per Thassonem sumas horum rationem . . . .
I. 87: Hoc montanorum tibi turgida mens aliquorum
Demonstrat clare, per quos potes ista probare!
II. 13: Cerne, quod haec domina cadit a vehemente ruina.
Ex nece sic discas, quod de vitiis resipiscas.

Nicht ungern sucht der Chronist in den Ereignissen ein göttliches Wirken zu erkennen. Einige Verse pflegen dann den entsprechenden Hinweis zu enthalten. Die endliche Rückkehr des jungen Wenzel II. nach Böhmen wird hingestellt als ein Erfolg von dessen eifriger Marienverehrung,*) der Fall des Zawisch und anderer Bedränger des Königs als ein Strafgericht Gottes angesehen.

Der Charakter des Erbauungsbuches erscheint am deutlichsten ausgeprägt in der großen Menge der in Versen abgefassten Gebete.**) Wie konnten die Autoren

---

*) l. cp. 14: Sic redit ad proria rex procurante Maria
Quam plus, quam fari possim, coepit venerari . . . .
I. cp. 26: Sic rex coelorum regem redimens Bohemoru m
Nos tres deiecit . . . .

**) I. 3, 6, 10, 14. 18, 22. 25, 28, 34, 54, 58, 64, 75, 80, 81 etc,

der Chronik den Leser wohl auch besser vermögen nachdenkend bei der Schilderung von Menschenschicksal, trüben Ereignissen zu verweilen als durch diese kleinen Gebete!

Die zahlreichen Bitten um bessere Zeitläufe, in denen alle Hoffnung auf Gott gesetzt erscheint, sollen auch in dem Leser das Vertrauen auf Gott und die Macht des Gebetes stärken. Besonders sind es Todesfälle, anlässlich deren Meldung es die Chronisten nie unterlassen, den Sinn des Lesers hinzulenken auf das Jenseits, auf das göttliche Gericht, das dort des Verstorbenen harrt und für das dieser des Gebetes der Ueberlebenden bedarf.

Es würde also verfehlt sein, wollte man in den Versen nichts anderes denn eine Spielerei und leere Ausschmückung der Prosaerzählung erblicken. Ist es oftmals nicht möglich die Verse zu streichen, ohne damit den Zusammenhang zu stören, so geht es noch öfter nicht an, sie zu beseitigen, ohne damit den ganzen Charakter der Chronik zu verwischen. Die richtige Auffassung der Function der Verse ist von Bedeutung für die Auffassung der ganzen Chronik

4.
Ueber die Verfasser der Verse in den Capiteln 1—51 des ersten Buches.

Eine viel erörterte Frage ist die nach dem Antheil Ottos von Thüringen und Peters von Zittau an der Abfassung der ersten 51 Capitel des ersten Buches der Königsaaler Chronik, sowohl in Bezug auf den prosaischen als auch den poetischen Theil. Wollen Dobner und Palacky Otto nur als Sammler des Materials, Peter erst als den Bearbeiter desselben aufgefasst wissen,[*]) so vertreten

II. 5, 7, 9. 11. 13, 15. 16, 17, 19, 20, 21, 23, 24, 29 . . . .
III. 1, 2, 4, 5, 6. 7, 9, 10, 14.

[*]) Dobner, Mon. Hist. Boh. V. Praefatio p. 10. Palacky, Würdigung . . . p. 124.

andere, Loserth z. B., den Standpunkt, dass Otto der Autor dieses Theiles der Königsaaler Geschichtsquellen in der uns vorliegenden Form ist.

Betreffs der Autoren der Verse, wovon allein im folgenden gehandelt werden wird, bestehen von vornherein drei Möglichkeiten:

1. Die Verse rühren wie der Prosatheil von Otto her.
2. Peter hat die Verse später beigefügt
3. In die Verse haben sich mehrere Autoren zu theilen. Zunächst hätten wir nur an Peter und Otto zu denken, doch sind auch andere Autoren nicht ausgeschlossen.

Die Ansicht, dass Peter allein die Verse geschrieben hat, wird mit aller Bestimmtheit von Loserth vertreten.[*] Hören wir seine Gründe.

a) Die Verse unterbrechen die Prosa oft derart, dass sich nur nach ihrer Auslassung ein Sinn ergibt. Für diese Behauptung fehlen bei Loserth zunächst entsprechende Belegstellen.[**] Es wäre ferner in jedem derartigen Falle zu untersuchen, ob die Verse nicht an anderer Stelle eingeführt einen guten Sinn ergeben. Wenn die Verse als spätere Zusätze, wie Loserth selbst annimmt, in zufällig leere Räume geschrieben oder am Rande angebracht worden sein sollten, wobei sie ein Abschreiber an unpassender Stelle in den fortlaufenden Text aufgenommen haben kann, so würde das die Schwierigkeit ganz beheben. Loserth hält es offenbar für nicht gut denkbar, dass von Otto Verse herrühren sollen, die sich nicht passend in die Erzählung einfügen. Sollte das aber viel besser möglich sein, wenn Peter die Verse hinzuthat? Schließlich

---

[*] Loserth l. c. p. 463—64. p. 491. Für Dobner l. c. besteht so wenig ein Zweifel, dass diese Verse Peters Product sind, dass er aus ihrem Vorhandensein sogar darauf schließt, dass auch die Prosa bis cp. 51 uns in Peters Bearbeitung vorliegt.

[**] Vielleicht denkt Loserth hier an die (von ihm l. c. p. 493—94 erörterten) Verse: Ex hoc consulitur .... des cp. 5. Dass hier ein Irrthum vorliegt, wurde bereits dargethan.

aber hat man zu beachten, dass dieses Argument immer nur einzelne Verse als Peter angehörend darthun würde.

b) Stil und Auffassung seien in der Prosa und in den Versen verschiedene und es müssten daher zwei Verfasser angenommen werden. Dieses Moment könnte mit Vorsicht verwendet werden. Ob sich aber diese Verschiedenheit wird durchgehend nachweisen lassen, und nicht nur wieder in einzelnen Fällen, mag fraglich bleiben.

c) Die Verse der ersten 51 Capitel könnten Otto deshalb nicht angehören, weil auch das übrige Werk solche Verse zeige. Das Argument könnte hier nur in der Annahme liegen, dass es unwahrscheinlich ist, dass gerade auch der Fortsetzer des Werkes die Neigung zum Reimen hatte und noch mehr, dass gerade in demselben Kloster sich ein zweiter in dieser Hinsicht begabter Mönch (letzteres von Loserth wirklich geltend gemacht, p. 464) befunden habe. Diese Begründung ist aber deshalb unzutreffend, weil wir es ja mit keiner auf einer hohen Stufe stehenden Dichtkunst zu thun haben und fast jeder der Mönche befähigt gewesen sein würde, derartige Verse zu schmieden.

d) Ebensowenig bedeutet es, wenn Loserth finden will, dass Otto von seinem Werke als einem prosaischen spricht, was in der Bezeichnung desselben als dictamen zum Ausdruck kommen soll. Es ist aber doch nur natürlich, daß Otto auf die Prosadarstellung und nicht auf die paar Verse das Hauptgewicht legen wird. Ferner aber verwendet Peter für seine Arbeit gleichfalls den Ausdruck dictamen (Chron. lib. I. cp. 100 Eingangsverse).

Es dürfte nun wohl einleuchten, dass wir uns, um die Frage nach dem Verfasser der Verse in einer exacten Weise zu lösen, nach anderen Gesichtspunkten werden umsehen müssen.

Einen entsprechenden Ausgangspunkt für die Beantwortung der Frage, welchen Antheil Peter an den Versen hat, scheint da das Capitel 40 zu bieten. Die zweimalige Erwähnung des Abtes Konrad in den Versen und in der diesen folgenden Prosa, ist, wie Loserth wohl

mit Recht annimmt,*) darauf zurückzuführen, dass die
Verse ein späterer Einschub, also wohl Peters, sind. Bei
der Aufzählung der ersten Mönche des Königsaaler
Klosters erfolgt eine Charakteristik der Persönlichkeit
eines jeden. Otto von Thüringen ist da mit den Worten
bedacht: Procedat et Otto pudicus. Wäre Otto der Schreiber dieser Verse, so dürfte er wohl nur seinen Namen
genannt und jede weitere Charakteristik unterlassen
haben. (In cp. 65 wird Otto von Peter als vir sapiens
bezeichnet). Selbst wenn Ottos Namen kein Prädikat trüge,
könnte man ihn nicht gut als Verfasser der Verse ansehen, weil sich nicht wohl annehmen lässt, dass er die
den Versen vorangehenden Prosasätze, die wegen des Zusammenhanges von demselben Verfasser wie die Verse
herrühren müssen, in denen die namentliche Aufführung
der von Sedletz ausziehenden Mönche mit deren musterhafter nachahmungswerter Lebensführung gerechtfertigt
wird**), geschrieben hätte, nachdem er sich doch selbst
unter der Zahl dieser Mönche befindet.

Als Verfasser dieser Verse des cp. 40 können wir
also wohl mit Recht Peter ansehen. Damit ist auch die
Wahrscheinlichkeit gegeben, dass noch andere Verse von
Peter herrühren dürften; denn dass wir es mit einem
alleinstehenden Fall zu thun haben, ist von vornherein
nicht sehr wahrscheinlich. Unser Resultat ist also: Peter
kann als Verfasser einiger Verse angesehen werden. Mehr
ist nicht sicher.

Die Möglichkeit des oben unter Nummer 1 aufgestellten Falles, wonach Otto alleiniger Verfasser der
Verse sein könnte, ist damit ausgeschlossen.

Es fragt sich nun, ob sich außer Peter noch ein
zweiter Autor für die Verse, vielleicht Otto, entweder

---

*) Loserth, Fontes rerum Austriacarum, Bd. 8, Einleitung p. 10.
Anmerkung 2.

**) . . ob admirandae conversationis suae memoriam in exemplum
posteris in hoc tractatu exprimi nominetenus meruerunt, quatenus dum
ipsorum nomina seriatim legimus, conversationis ipsorum insignia frequenter ante mentis nostrae oculos habeamus . . . .

nur im Allgemeinen oder in speciellen Fällen, mit Wahrscheinlichkeit oder mit Sicherheit wird annehmen lassen.

Es werden sowohl in dem von Otto als auch in dem von Peter verfassten Prosatheil der Chronik die Verse mitunter mit Wendungen wie Secuntur versus praecedentis capituli (I. 1), unde versus (I. 106 p. 291) an die Prosa angefügt. Dieser Umstand könnte mit Recht die Meinung veranlassen, dass von Anfang an, also auch von Otto, diese doppelte Form der Darstellung beabsichtigt war, wenn nicht das Bedenken zu überwinden wäre, dass wir es — was auch Loserths Meinung ist*) — mit späteren Zusätzen der Abschreiber zu thun haben.

In der Prosa Ottos wird häufig ein auffallender Gleichklang in den Endungen von Worten, die unmittelbar auf einander folgen, beobachtet werden können, der unmöglich als Spiel des Zufalls angesehen zu werden vermag.**) Nicht unberechtigt, vielmehr wohl begründet muss demnach die Vermuthung erscheinen, dass Otto auch etliche Verse geschrieben hat, weil wir eben annehmen müssen, dass die so häufige Anwendung von Worten mit gleichklingenden Endungen der Neigung zum Reimen entspringt.

Vermögen es Umstände wie die genannten nur im Allgemeinen wahrscheinlich zu machen, dass auch von Otto Verse herrühren, so ist es aber auch möglich, einige Kriterien aufzustellen, mit deren Hilfe im einzelnen Fall erkannt zu werden vermag, wem die Autorschaft zukommt. Diese Kriterien beruhen zum Theil auf den erst

---

*) Fontes rer. Austr. 8 p. 40, Anm. e).

**) So in I. cp. 11. um nur ein Beispiel anzuführen: Vivites capiuntur, pauperes occiduntur, iuvenes et virgines, senes cum iunioribus miserabiliter opprimuntur, transeuntes per semitam undique cessaverunt et gramina succrescentia tritas in solitudinem redegerunt.... hi etiam regnum Bohemiae nacta opportunitate vastare inceperunt, qui paulo ante hircos mactare, panes pistare et nihilominus veteres reparare calceos, acquirendo victui necessaria consueverunt. Diese Schilderung wird dann in einigen Versen fortgesetzt.

in dieser Arbeit gewonnenen Resultaten über Beschaffenheit und Wert der Verse, die bei Loserth und Lorenz nicht vorhanden. von ihnen daher auch nicht in dieser Weise verwendet werden konnten.

Er wurde dargethan, dass die Aufgabe, den Leser auf den belehrenden Inhalt der erzählten Ereignisse aufmerksam zu machen, insbesonders den Versen zufällt. Einen vorwiegend didactischen Zweck verfolgte aber schon Otto mit seiner Vita Wenceslai, wie er selbst bekennt,*) nicht erst Peter. Das nöthigt uns aber anzunehmen, dass auch Otto sich des Mittels der Verse bedient haben mag, um diesen Zweck zu erreichen und wir würden daher von Versen, in denen Wenzels gute Charaktereigenschaften gepriesen werden, und er als nachahmenswertes Vorbild hingestellt ist, anzunehmen haben, dass dieselben von Otto in der oben gekenuzeichneten Ansicht verfasst wurden. Solche Verse finden sich in den Capiteln 1 (O deus aspira . . .), 15 (Quem semel audivit — sic tempore vixit in isto), 14 (Sic redit ad propria . .), 25 (Et quia Christus . . .), 26 (Rex pius ac mirae bonitatis et immemor irae / Exemplo Christi veniam mox contulit isti), 33 (Hic rex audivit multas missas . . . Studeas ergo revereri servos altaris).

Bei der Entscheidung über die Frage, welche Verse von Otto, welche von Peter herrühren dürften, wird ferner nicht der Umstand zu übersehen sein, dass sich in den Versen mitunter verschiedene Gesinnung in nationaler Hinsicht, eine deutsch- und eine tschechenfreundliche ausgeprägt findet. Die tschechenfreundlichen Stellen könnten natürlich nur dem aus Zittau gebürtigen Peter, die deutschfreundlichen dem thüringischen Otto zugeschrieben werden. Da in den Capiteln und Versen, die sicher Peter angehören (die auf cpt. 51 folgenden also) deutlich Peters tschechisch nationale Gesinnung zum Ausdruck kommt,**) so haben wir umsomehr Grund, die-

---
*) I. cap. 1.
**) Deutlich z. B. I. 71 (p 177). wo der Abzug des Heeres Al-

sen Umstand als Kriterium in unserer Frage zu verwerten. Was also die Verse der Capitel 1—51 betrifft, so mögen von denselben die Schlussverse des cpt. 8 (O rota fortunae ...), in denen die Pflichtvergessenheit des Volkes gegen König Ottokar, der in der Schlacht von seinen Leuten im Stiche gelassen wurde, scharf getadelt wird, von Peter herrühren. Der Verfasser wünschte Ottokar den Sieg und nennt Rudolf von Habsburg hostis (Invehor in gentem de rege suo fugientem / In bello forti; maledic deus almae cohorti, Cui dominus (Ottocar) credit et eo pugnante recedit, / Quod si pugnasset, nunquam mala tot tolerasset / Gens nimis afflicta. Pereat cito stirps maledicta, Quae sic deliquit, regemque perire reliquit, / Qui bene vicisset hostem, nec ibi cecedisset). Seine Sympathien für Ottocar und dessen Sache sind offenbar.

In cpt. 9 wird die deutsche Nation mit wenig guten Prädicaten bedacht (inter gentem duram satis atque frementem / mansit). Als besonders traurig wird es bezeichnet, dass der junge Wenzel II. im eigenen Lande von Leuten umgeben ist, die einer anderen Nation, es sind Deutsche, als der tschechischen angehören (sed non quivit fore laetus / quando semotos a se vidit sibi notos

---

brechts l. aus Böhmen als fuga Teutonicorum bezeichnet wird, die den Böhmen den sicheren Sieg entriss (forte dolere / Tunc incepissent hostes, si non abiissent). Dass sich Peter als Angehöriger der tschechischen Nation fühlte, beweist ferner der in dem folgenden Prosasatze gebrauchte Ausdruck Nos Bohemi: Vehemens tamen quaestio pulsat animum in hoc facto, utrum etenim de illo Teutonicorum discessu magis nos Bohemi gaudere an dolere debeamus? Andere Belegstellen wären z. B. zu finden in den cpt. 100, 101, 102 u. a. Peters Nationalität war schon Gegenstand von Erörterungen. Siehe Loserth l. c. p. 474. Von Geburt mag ja Peter ein Deutscher gewesen sein (des h. die Germanismen in seinem Werke), der mit dem Wohnsitze seine nationale Gesinnung änderte. Was Loserths Hinweis auf Peters Kenntnis der deutschen Dialecte betrifft, wofür einige Verse in cpt. 9 in Betracht kommen, so setzt Loserth eben voraus, dass diese Verse auch wirklich von Peter herrühren.

und in medio terrae propriae solus in contubernio alienae nationis remansit.*) Eine deutschfreundliche Gesinnung hingegen bekunden die Verse in cpt. 19, welche Guta, der deutschen Kaisertochter reiches Lob spenden und die Friedensliebe der Deutschen betonen (Connubiis quorum rixae veteres Bohemorum Digne delentur, quas semper habere videntur Contra Theutonicos, pacisque quietis amicos).

Eines wichtigen Kriteriums, mit dessen Hilfe in gewissen Fällen — und es sind ihrer nicht wenige — sicher und zweifellos nachgewiesen werden kann, dass Otto der Verfasser der Verse ist, begibt sich Lorenz mit seiner unrichtigen Behauptung, dass die Verse die Erzählung immer nur unterbrechen und nicht weiter leiten. Dass diese Behauptung durch eine größere Zahl gegentheiliger Fälle als irrig dargethan zu werden vermag, wurde schon in der vorangehenden Abhandlung betont. Hier wollen wir jetzt darauf hinweisen, inwiefern der Umstand, dass die Verse doch auch manchmal die Prosa-

---

*) Es muss fraglich bleiben, ob überhaupt irgend ein Theil dieses Capitels von Otto herrührt u. zw. aus folgenden Gründen: Otto, der ein Deutscher war, dürfte kaum, wenn er von den Böhmen spricht, eine Wendung wie gentis huius nostrae consuetudo gebrauchen. Dieser Satz also zum mindesten wäre als Einschub Peters zu betrachten. Das wird auch besonders dadurch nahe gelegt, dass der in dem Satze: Est enim .... populator ausgesprochene Tadel über die Lust der Böhmen im eigenen Lande zu rauben, in cpt. 71 (p. 177) wiederkehrt, (Demum post recessum ....) Das cpt. 10 schließt sich ferner gut an das cpt. 8 au. Man kann cpt. 9 streichen, ohne dadurch den Zusammenhang zu zerstören. Man muss vielmehr fragen, warum nach cpt. 9 noch einmal cpt. 10 mit der Wiederholung: Post obitum igitur patris Wenceslaus septennis in Saxoniam ducitur . . . anhebt. Die Verse: Sic inter gentem . . . hat der deutsche Otto sicher nicht geschrieben. Was die Schlussverse mit ihrer Charakteristik der deutschen Dialecte betrifft, so scheinen sie allerdings von einem Deutschen geschrieben zu sein, bes. wegen der Schlusszeile: Quamvis Teutonici possunt ambo benedici Aber auch diese Schwierigkeit könnte durch die Auffassung von benedici als eines ironischen Ausdruckes behoben werden.

darstellung fortsetzen, für die eben in Erörterung stehende Frage ausgenützt werden kann.

Er ist klar, dass immer dort, wo eingestreute Verse die Erzählung in einer Weise fortführen, dass eine Weglassung der Verse den Zusammenhang aufheben würde, beides, Prosa und Verse von demselben Autor herrühren und gleichzeitig niedergeschrieben sein müssen. Derartige Verse können keine späteren Zusätze eines anderen Autors als des der Prosa und auch nicht des Verfassers von dieser sein.

Wenn wir nun in den Capiteln 1—51 des ersten Buches solche Verspartieen finden, die ohne Gefährdung des Zusammenhanges nicht ausgeschaltet werden können, so wissen wir, dass dieselben von dem Verfasser der zugehörigen Prosapartie, von Otto also, herrühren müssen. Solche Fälle gibt es und wir wollen sie namhaft machen.

I. 4. Der Satz Quam ob rem si regi Ottocaro zelus cleri non parceret, ipsum in adepti honoris culmine nequaquam amplius sustineret, gäbe keinen Sinn und stünde ganz unvermittelt da, wenn nicht die vorangehenden Verse diese res meldeten. Die Verse setzen auch grammatisch die ihnen vorausgehende Prosa fort. Sie sind ohne Zweifel Ottos Werk.

I. 5. Prschemysl Ottokar II. fordert von sämmtlichen Großen seines Reiches einen Rath betreffs der Lösung seiner kinderlosen Ehe mit Margaretha (Sapientium igitur . . . postulavit). Die nächsfolgende Prosa meldet die Zusammenkunft der Bischöfe, die auf Grund der päpstlichen Erlaubnis die Scheidung vollziehen (Quid plura? Episcopi convenerunt . . . .). Wie der Rath der Großen lautete, erfahren wir ohne die dazwischen liegenden Verse nicht. Die Prosaerzählung zeigt hier eine Lücke. Die Verse sind demnach nothwendig für den Zusammenhang und wie die Prosa ottonisch.

I. 8. Die Verse Hastae vibrantur . . . etc. gehen in die Prosaerzählung über. Der sie fortsetzende Satz, der natürlich demselben Autor wie dem der Verse gehört, meldet, dass viele Böhmen in der Marchfeldschlacht flohen et regem suum in medio adversariorum cum paucis viriliter pugnantem turpiter reliquerunt. Ohne diesen Satz gibt aber wieder der ihm folgende: Sed quia paucorum contra plures diu durare nequivit rebellio .... keinen Sinn. Es sind also für den Fortgang der Erzählung die obigen Verse mit ihrer Prosafortsetzung nothwendig, was für uns bedeutet, dass Otto ihr Verfasser ist.

I. 34. Einen eclatanten Fall bietet uns dieses Capitel. Es wird berichtet, dass Rudolf, der Sohn Königs Rudolf I., mit einem Heere nach Böhmen geschickt wurde und der Zweck dieses Heereszuges angegeben. Dann folgen Verse. Die diesen folgende Prosa erzählt von einer festlichen Leichenfeier, die König Rudolf I. veranstaltet. Für wen? Dass Rudolf, sein Sohn, in Prag erkrankte, starb und daselbst begraben wurde, erzählen die Verse. Der ganze aus Versen bestehende Theil des Capitels von In cuius adventu cuncti laetantur bis mox plures et lacrimantur ist nothwendig zum Verständnis des folgenden. Er muss also von Otto herrühren.*)

I. 43. Auf einem Zuge gegen Polen hält Wenzel II. im Gebiet des Herzogs von Oppeln Rast. Das Heer wird beschenkt. Einige Verse schildern das lustige Lagerleben. Ohne dieselben bleibt der Anschluss der Prosadarstellung In his quoque regalium festivitatum solempniis . . . unverständlich. Die Verse müssen also von Otto im Zusammenhang mit dem Übrigen geschrieben sein.

I. 49. Die Verse Aula regalis . . . sind nothwendige Fortsetzung der Prosa: Filia regis moritur ac in claustro sepelitur. Denn man wird fragen: in welchem Kloster?**)

---

*) Warum Loserth l. c. p. 498 (cp. 84) hier eine Versetzung von Versen vornehmen will, ist nicht einzusehen. Jede Änderung würde doch die richtige Auteinanderfolge der Ereignisse (Ankunft, Erkrankung, Tod Rudolfs) stören.

**) Man müsste nur, um die Verse nicht wie die Prosa Otto zuzuschreiben, sagen, dass beide von ac in claustro sepelitur an hinzugefügt sind. Was berechtigt aber zu dieser Annahme? Man beachte auch den Gleichklang in der Prosa: paulo post infans adhuc moritu ac in claustro sepelitur . . . .

Ist man in allen den angeführten Fällen nicht imstande, die Verse (sammt den mit ihnen manchmal zusämmengehörigen Prosasätzen) aus dem Zusammenhang zu heben, sie als Einschübe anzusehen, indem sie für den Fortgang der Erzählung unbedingt nöthig sind, so würde man sie in einer Reihe anderer Fälle deswegen nicht vermissen wollen, weil sie einen besseren, leichteren Aneinanderschluss der Prosatheile vermitteln. Dass auch hier immer Otto der Verfasser ist, ist wahrscheinlich. Wir hätten z. B. anzunehmen, dass die Schlussverse in cpt 5 und der ihnen noch folgende Prosasatz, die beide denselben Verfasser haben, von Otto, dem Autor des übrigen Capitels herrühren müssen, weil die darin enthaltene Meldung von Margarethens Rückkehr nach Oesterreich erst den Abschluss bildet, den Otto kaum weggelassen haben würde, da er cpt. 6 schon mit anderem beginnt. Ebenso wird man die lange Verspartie am Ende des cpt. 28, in der die Rathschläge und Ermahnungen, die König Rudolf I. seinem Schwiegersohne Wenzel II. bei einer Zusammenkunft in Eger zu Theil werden ließ, wiedergegeben werden, Otto zuschreiben müssen, weil in den unmittelbar vorangehenden und nachfolgenden, von den Versen untrennbaren*) Prosasätzen erst die Erzählung zu entsprechendem Abschluss gebracht wird, indem darin von dem Abschied und der Heimkehr der beiden Könige die Rede ist. In cpt. 15 z. B. vermitteln die Verse Omnibus est gratus . . . . die auch von Wenzels einfacher Kleidung berichten, besser den Satz: ut obloquentium linguas in se ipso vestium congruitate compescat.

Diese Beispiele mögen genügen.

Es muss zum Schlusse hervorgehoben werden, dass sich ausser den angeführten Momenten wohl noch manche andere ausfindig machen lassen dürften, die als Kriterien in

---

*) Es weist sowohl der den Versen vorangehende (socer . . . . ad se vocans generum hanc suis auribus . . . regulam instillavit) als der ihnen folgende Prosasatz (Sic rex Romanorum doctrinae finem posnit) auf die in den Versen enthaltene Belehrung hin.

unserer Frage dienen könnten. Aber ihre Bedeutung wird nur eine untergeordnete, vielleicht nur auf einen speciellen Fall beschränkte sein.

So wird man, um selbst noch ein Beispiel zu geben, sagen dürfen, dass alle Verse der cpt. 1—51, wo der Verfasser in erster Person von sich spricht, von Otto herrühren werden, den der Leser allein als Urheber ansehen kann, weil seine Autorschaft für diesen Theil der Chronik bekannt ist. Also z. B in cpt. 14: Sic redit ad propria rex procurante Maria Quam plus quam fari possim, coepit venerari / Hoc mihi dixerunt, qui secum crebro fuerunt. Und es wäre doch gewiss eigenthümlich, wenn Peter dem Theile der Chronik, dessen Verfasser er nicht ist, Verse beigefügt haben sollte, in denen der Beistand Gottes bei der Abfassung der Chronik angefleht wird. So gleich in cpt. 1: O deus aspira, quod possim scribere mira / Regis magnifici ... oder in cpt. 14: Cunctorum dominum deposco, quod hunc peregrinum / Me faciat clare scribendo domum revocare. Peter müsste da gleichsam an Stelle, im Namen Ottos geschrieben haben.

Wir glauben, dass die Ausführungen dieses Aufsatzes es im allgemeinen nicht mehr bezweifeln lassen können, dass die Äbte Otto und Peter als Verfasser der Verse zu g lten haben, dass nunmehr nur noch speciellen Auffassungen, Ergänzungen, Abänderungen Raum gelassen und somit die Autorfrage hinsichtlich der Verse in den ersten 51 Capiteln der Königsaaler Chronik entschieden ist.

II. Zur Entstehungsgeschichte des 2. und 3. Buches des Chronicon Aulæ Regiæ.

Unbestreitbar bilden auf dem Wege der Erforschung der Entstehungsgeschichte eines literarischen Werkes feste Bestimmungen der Abfassungszeit einzelner Partieen die sichersten Anhaltspunkte, die nicht abhängig sind von schwankender, subjectiver Auffassung. Wir wollen uns daher auch dieser Wegweiser versichern, wenn wir in dem folgenden Aufsatze Fragen zur Erörterung bringen, die betreffs der Entstehung des 2ten und 3ten Buches der Königsaaler Chronik erhoben werden können.

Man hat, was das zeitliche Verhältnis betrifft, in dem die Aufzeichnungen Peters zu den Ereignissen stehen sollen, zunächst hervorgehoben, dass Peters Geschichtsschreibung eine mit den Vorgängen nahezu gleichzeitige sein muss, und diese ganz allgemeine Beobachtung dann näher dahin bestimmt, dass der Chronist gewöhnlich die Vorfälle eines Jahres im nachfolgenden Jahre schriftlich fixiert habe.

Dass die Ereignisse und ihre Aufzeichnung nicht weit auseinander liegen können, war leicht zu erkennen und ergibt sich fast allein schon daraus, dass der behandelte Zeitraum die Jahre 1317—37 umfasst und Peter von 1278—1338 lebte. Vorsichtiger wird aber die zweite Behauptung aufzunehmen und einer Prüfung zu unterziehen sein. Nach einem einfachen Schema, mit einer förmlich gesetzartigen Regelmäßigkeit wäre darnach die Chronik entstanden.

Nachdem Peters Geschichtschreibung eine nahezu gleichzeitige ist, so wird es sich immer nur mehr darum handeln, eine obere Zeitgrenze für die Abfassung einer Stelle aufzufinden; es wird, wenn wir als untere Grenze immer nur das berichtete Ereignis selbst sollten angeben können, der Spielraum niemals ein bedeutender sein können. Die Bestimmung der oberen Grenze nun macht uns in einer ziemlichen Anzahl von Fällen der Chronist sehr leicht. Berichtet er nämlich Ereignisse, die selbst oder deren deutliche Folgen noch bis zu der Zeit währten, als er jene notierte, so pflegt er dies des öfteren dann hervorzuheben. Er erzählt z. B. dass Boleslaus, Herzog von Brieg, im Frühjahre 1327 seinem Bruder Wladislaus Liegnitz raubte, worauf dieser nach Prag flüchtete, und bemerkt dazu, dass der Aufenthalt des Flüchtigen „bis heute" andauert d. h. bis zu der Zeit, da Peter seinen Bericht schrieb.*) Wir gewinnen in derartigen Fällen eine obere Zeitgrenze, wenn wir in der Lage sind festzustellen, von welchem Zeitpunkte ab Bestimmungen wie adhuc, usque hodie keine Geltung mehr haben würden.

Suchen wir nun mit Benützung des besprochenen Umstandes einige Zeitbestimmungen vorzunehmen.

Im August 1322 erfolgt die Verlobung der beiden in jugendlichem Alter stehenden Töchter des Böhmenkönigs Johann, Margaretha und Guta, jener mit Heinrich von Baiern, dieser mit dem Markgrafen von Meißen. Guta wird zur Erziehung nach Meißen gebracht, da ihre Mutter, die Königin, mit Margaretha sich in Landshut bei dem Schwiegersohn befindet. Da Peter hiezu

---
*) II. Buch cp. 19 (p. 449).

die Bemerkung macht, dass die Königin daselbst „bis heute verweile", so muss die Notiz noch geschrieben worden sein, ehe Peter von einem Wechsel in dem Aufenthalte der Königin gehört hatte. Die Königin blieb zwar noch längere Zeit in Landshut, im April des folgenden Jahres (25. April 1323) hatte sie aber bereits ihren Aufenthaltsort gewechselt und befand sich in Chamb.*)

Zu Anfang des Jahres 1330 kehrte König Ludwig der Baier aus Italien nach Baiern heim und begab sich nach München. Der Aufenthalt daselbst währte nur einen Monat. Dass Peter noch innerhalb dieser Zeit eine Nachricht empfangen hat, und sofort nach Erhalt derselben diese Stelle seiner Chronik verfasst hat, erhellt nun daraus, dass er schreibt, dass der König „zur Zeit in München sich aufhält." **)

Fassen wir noch die Nachrichten über den Aufenthalt und die Thaten des Böhmenkönigs Johann in Kärnten und Tirol, Ende 1330, ins Auge. Der König zog Ende September von Baiern nach Kärnten. Für Peter ist das „neulich". König Johann verweilt dann in Trient, wo er Gesandtschaften lombardischer Städte empfängt. Als Peter darüber schreibt, hat er noch keine weitere neue Nachricht, etwa über den Abzug des Königs von Trient. Das beweist doch, dass er bald nach Empfang der Nachrichten aus Tirol sie aufzeichnete, ehe noch wiederum neue eintrafen. Zu beachten ist ferner, dass ihm die Kunde von der Unterwerfung italienischer Städte noch ein Gerücht ist Hätte Peter viel später ge-

---

*) II. cp. 11 (p. 417) Regina namque Elizabeth cum Margaretha sua filia , . . . in Bavariam procedit et in Laudeshut cum genero et filia adhuc hodie moram facit. Es handelt sich hier nicht um den Aufenthalt der Königin in Baiern überhaupt, der bis zum Jahre 1325 währte (cp. 14), sondern nur um den in Landshut.

II. cp. 12 (p. 422) Aufenthalt in Chamb.

**) II. cp. 24: in Bavariae civitate, quae Monacum dicitur, pro tempore commoratur.

schrieben, so wäre er wohl im Besitze verbürgter Nachrichten gewesen.*)

Diese Beispiele könnten leicht noch beträchtlich vermehrt werden. Sie würden aber alle keinen anderen Schluss gestatten als den, welchen wir betreffs des zwischen den Ereignissen und ihrer schriftlichen Fixierung liegenden Zeitraumes aus den drei angeführten Fällen ziehen können, dass nämlich der Chronist nicht lange mit seinen Aufzeichnungen wartete, wenn ihm die Ereignisse einmal bekannt geworden waren.

Gelingt es auch bei einer Reihe von Stellen feste Bestimmungen der Zeit ihrer Abfassung vorzunehmen, so darf doch der Wert derselben für die Beantwortung der Frage, wann die Chronik in der uns vorliegenden Form abgefasst wurde, nicht zu hoch veranschlagt werden. Es darf nie vergessen werden, dass eine derartige zeitliche Bestimmung zunächst immer nur gilt für die betreffende eine Nachricht. Jede Ausdehnung ihrer Beweiskraft auf eine längere Partie kann ein Fehlschluss sein. Es wäre verfehlt, wollte man annehmen, dass eine Notiz zu der Zeit ihrer Abfassung schon an den Platz in der Chronik, in den Zusammenhang zu stehen käm, wo sie uns jetzt entgegentritt. Wir müssen mit der stets sehr wahrscheinlichen Möglichkeit rechnen, dass sich ein Chronist, wenn sein Werk doch mehr ist als eine blosse Sammlung von Notizen, einzelne Aufzeichnungen macht, wie eben die Nachrichten einlaufen, und dass unter Vorlage einer solchen Notizensammlung immer ein größerer Abschnitt der Chronik verfasst wird. Dass auch in unserem Falle der Chronist Peter von Zittau nach Notizen arbeitete, ist mehr als wahrscheinlich.

Dass einzelne Anmerkungen zu einem großen Theile

---

*) I. cp 25 (p. 479): Nuper hoc est mense Septembris . . . rex . . . . intravit Carinthiam . . . . Moratur ibidem civitate Tridentina usque hodie Johannes rex Bohemiae . . . . Quod Mediolanum, Brixia et Aretium se regi huic subdiderunt, refert fama.

wenigstens die Grundlage von Peters Chronik gebildet haben, darauf weisen schon eben die zeitlichen Bestimmungen wie adhuc, usque hodie, pro tempore hin, von denen oben die Rede war. Sie entsprechen sehr wohl dem Charakter von einzelnen, abgerissenen Notizen und dass sie wiederholt in der Chronik begegnen, obzwar sie doch immer dann, als Peter wiederum eine größere Partie seiner Chronik schrieb, meist nicht mehr Geltung besessen haben dürften, erklärt sich am besten aus der Annahme, dass Aufzeichnungen Peters über einzelne Vorfälle bestanden haben, die bei ihrer Zusammenstellung die ursprüngliche Fassung behielten. Ein besonders lehrreiches, typisches Beispiel scheint aber eine Stelle im II. Buch 2. Capitel darzustellen: Peter klagt — es ist im Jahre 1318 — über den traurigen Zustand, in dem sich seit Jahren das Land befindet und mit ihm das Kloster Königsaal. Geschrieben sind die betreffenden Sätze nach der ausdrücklichen Zeitangabe Peters am 25. März 1318.*)

Eben vorher wird erzählt, dass König Johann einem Rufe des deutschen Königs folgend am 20. März von Prag nach Eger aufgebrochen**), während des Aufenthaltes in Saaz ein Theil seiner Leute aber von feindlich gesinnten Adeligen überfallen und zu Gefangenen gemacht worden sei. Sollen wir nun annehmen, dass der Bericht von diesem Ueberfall, weil er in der Chronik unmittelbar vor der am 25. März geschriebenen Notiz seinen Platz hat, auch wirklich vor dieser abgefasst wurde? Das setzte voraus, dass Peter von einem Ereignis, das sich in einer Entfernung von seinem Kloster zugetragen, die ein Eilbote wohl kaum unter einem Tage bewältigen konnte, sofort Kunde erhalten habe. Der Vorfall selbst kann nicht wohl vor dem 23. März sich abgespielt haben. Viel früher wird der am 20. ausgezogene König, den eine

---

*) A primaria regni Bohemiae plantatione . . . . usque ad praesens tempus, ad annum scilicet domini 1318 diem Annuntiationis dominicae, qua haec scribo, non fuit peior status in hoc regno.

**) Exiit . . . . rex tertio decimo Kalendas Aprilis de Praga . . . .

größere Schar begleitete, in Saaz nicht angekommen sein. Peter hätte überhaupt nur über Prag etwas erfahren können, wohin allein wohl Boten mit der Nachricht geschickt worden sein würden. Peters Angaben sind zudem genau. Er kennt Zahl und Namen der Gefangenen. Es ist also wohl klar, dass dieser Bericht erst später geschrieben wurde, nicht aber schon vor oder an dem 25. März. Bei der Zusammenstellung seiner Notizen zum Jahre 1318, aber ließ Peter die oben erwähnte Zeitangabe des 25. März 1318, als den Tag, an dem er eine Stelle geschrieben, stehen, die nun in diesem Zusammenhang auffallen muss.

Ein Beispiel für andere Mängel oder directe Irrthümer, wie sie sich bei der Zusammenstellung des Materials leicht einschleichen konnten, dürfte cp 27 im II. Buch bilden. Peter beginnt dasselbe mit der Erwähnung eines Ereignisses, das zu Weihnachten 1331 geschah und schließt die Erzählung einer anderen Begebenheit mit den Worten an: Eodem anno et tempore, was also Weihnachten 1331 bedeutet. Das Ereignis aber, um das es sich hier handelt, ein Zug des Böhmenkönigs Johann von Tirol nach Italien, erfolgte um Weihnachten 1330, wie die Chronologie der vorangehenden und der folgenden Begebenheiten zeigt.*)

Es liegt hier offenbar ein Irrthum bei Zusammenstellung der Chronik vor. Peter hatte sich Anfang 1331 notiert, dass König Johann um Weihnachten 1330 nach Italien gezogen war, und knüpfte, als er nach Ablauf des Jahres 1331 seine Aufzeichnungen über die Ereignisse desselben ordnete, diese Notiz, die ja eine Begebenheit betrifft, deren Folgen in das Jahr 1331 fallen, an eine zu Weihnachten 1331 gehörende Nachricht mit der

---

*) l c. Anno domini 1331 in nocte illa, quae diem Nativitatis Christi sequitur, eclipsis lunae post mediam noctem videtur .... Eodem anno et tempore Johannes rex Bohemiae, qui per nuntios praemissos promiserat se velle festum Nativitatis Christi in Praga peragere-, mutato proposito partes ingreditur Lombardiae.

unpassenden Wendung Eodem anno an, indem er den Zeitunterschied von einem Jahre nicht beachtete.*)

Nach den obigen Darlegungen, in denen gezeigt wurde, dass die Aufzeichnungen des Chronisten den Ereignissen, resp. dem Bekanntwerden derselben bald folgten, muss sich die Behauptung, dass Peter erst immer dann die Ereignisse eines Jahres in seiner Chronik verzeichnete, bis dieses ganz abgelaufen war, in dieser Formulierung als unhaltbare Ansicht darstellen.**) Sie wird eher annehmbar unter der Voraussetzung, dass Peter seine Chronik nach Anmerkungen verfasste, die er sich mit dem Gange der Ereignisse machte; denn dass immer jedesmal erst ein ganzes Jahr zur zusammenfassenden Darstellung kam, ist ja eine von vornherein nicht unwahrscheinliche Annahme.

Es scheint nun da eine gelegentliche Zeitangabe Peters beachtet werden zu müssen, die uns diesmal nicht nur die Abfassungszeit einer einzelnen Stelle lehrt, welche erst wieder zu anderer Zeit ihren jetzigen Platz in der Chronik erhalten haben mag, sondern die von mindestens einem Capitel in der uns vorliegenden Form. Es werden nämlich die Ereignisse des Jahres 1333 zum

---

*) Viel weniger wahrscheinlich dürften andere Erklärungen sein, wie z. B. dass der Chronist das erstemal fälschlich 1331 statt 1330 geschrieben hätte, oder dass, wenn Eodem anno — 1331 etwas richtiges besagt, eodem tempore nur so viel wie „zur Winterzeit" bedeuten würde.

**) Wenn Emler, der dieser Meinung ist, zum Beweise derselben die Bemerkung macht: „Die Erzählung der Begebenheiten des Jahres 1317, womit das 2te Buch anfängt, ist im Jahre 1318 verfasst, wie das die Worte Peters selbst beweisen" (Fontes rer. Bohemic. IV. p. XII.), so kann er nur die eben besprochene Stelle des 2. Capitels im Auge haben, worin Peter die Noth beklagt, die schon seit Jahren in Böhmen herrscht und den Jahrestag angibt, an dem diese Worte von ihm geschrieben wurden. In dieser lässt sich aber nicht der gewünschte Beweis finden. Im Gegentheil! Die Lage Böhmens war noch im Jahre 1318 die gleich schlechte, der Chronist klagt auch über die Gegenwart, schreibt also noch im selben Jahre.

Theil im 2ten, zum Theil im 3ten Buche der Chronik erzählt (II. 33, 34, III. 1). Die letzten im Schlusscapitel des 2ten Buches erwähnten Ereignisse fallen in den September 1333. Darüber, wann diese Capitel der Chronik geschrieben wurden, gibt uns der Chronist selbst Aufschluss, indem er bemerkt, dass der zweite Theil der Chronik im Jahre 1334 beendigt ward.*) Angenommen nun, Peter hätte sogleich, nachdem die Rückkehr Karls nach Böhmen erfolgt war (30. October 1333), sich entschlossen, mit diesem Ereignis ein neues Buch seiner Chronik beginnen zu lassen, so wäre ihm noch Zeit geblieben die früheren Vorfälle des Jahres 1333 vor Ablauf desselben aufzuzeichnen. Dass aber die Ausarbeitung der Chronik erst 1334 zu Ende kommt, obwohl in derselben das Jahr 1333 nur zwei kurze Capitel mit spärlichem Inhalt umfasst, lässt annehmen, dass Peter überhaupt erst im Jahre 1334 mit der Abfassung der Chronik des Jahres 1333 begann, indem er den Jahresschluss abwartete und erst später den Gedanken fasste, ein drittes Buch der Chronik schon mit dem Ereignis der Ankunft Karls anzufangen.

Man wird nicht behaupten dürfen, dass Peters Notizen immer nur von geringem Umfang, kurz und flüchtig waren. Er mag schon während des Jahres hin und wieder auch längere Partieen geschrieben haben, die dann ohne sonderliche stilistische Umformung in die Chronik eingerückt wurden. Das wird vielleicht immer angenommen werden können hinsichtlich der Berichte, welche Peter über seine Reisen gibt, (II. 27, III. 4, 5 u. a.), die immer gleich nach der Rückkehr in einem Zuge niedergeschrieben sein dürften.

Wollte man fragen, nach welchen Grundsätzen Peter wohl verfuhr bei der Gruppierung, Anordnung seines Thatsachenmaterials, so wird sich dafür schwerlich eine wenn auch nur annähernd ausnahmslose Regel consta-

---

*) II. 34 (p. 496) Explicit secunda pars chronicae Aulae Regiae, quae finitur in anno domini 1334.

tieren lassen. Man wird z. B. finden, dass der Chronist nicht nur dort, wo es manchmal der innere Zusammenhang der Ereignisse verlangt, zeitlich auseinander liegende Vorfälle nebeneinander stellt, sondern auch dann, wenn diese ohne jede weitere Beziehung zu einander in die gleiche Categorie gehören. So sind II. 9 (p. 410 ff.) 17 (439 ff.) die Todesfälle der Jahre 1320 und 1326 zusammengestellt. III. 1 stehen zwei den Monaten Mai und October angehörende Vorfälle beisammen, weil sie dasselbe Kloster angehen u. a. m. Dem Chronisten ist also für die Anordnung der Thatsachen nicht nur die chronologische Folge, sondern auch ihre Zusammengehörigkeit maßgebend. Man wird aber nicht zu sehr ins Detail gehen dürfen und für jede Anordnung den Grund ausfindig machen wollen, wo vielleicht, weil jene eine ganz zufällige ist, niemals einer vorhanden war.

III. Über Buch III. Capitel 15.

Außer für die im ersten Buch der Chronik enthaltene Vita Wenceslai, in deren Abfassung sich erwiesenermaßen zwei Autoren zu theilen haben, wobei es oft zweifelhaft bleibt, wessen Arbeit die eine oder die andere Stelle ist, *) hat man für keine Partie der übrigen Chronik eine Veranlassung gefunden, die Frage zu erheben, ob sie nicht auf einen anderen Chronisten als Peter von Zittau zurückgehe.

Das Schlusscapitel der Chronik, III. 15, scheint aber einen Zweifel in dieser Hinsicht doch noch zuzulassen. Mehrere Umstände machen es in hohem Maße wahrscheinlich, dass nicht Peter als alleiniger Autor dieses Capitels anzusehen ist.

Sie sind stilistischer Art. Im Vergleiche mit der Darstellung in anderen Capiteln zeigt die des in Rede stehenden Capitels manche stilistische Verschiedenheiten, die zugleich groß genug sind, um die Vermuthung aufkommen zu lassen und zu rechtfertigen, dass verschiedene Verfasser thätig gewesen sein müssen.

War Peter von Zittau zu Ereignissen, die er in seiner Chronik erzählt, in irgend einer Beziehung gestanden, mindestens als ihr Augen- und Ohrenzeuge, so unterlässt er nicht, dies besonders zu bemerken. Man kann da die Beobachtung machen, dass er dann von sich

---

*) S. d. Abhaudlung über die Verse in der Chronik. IV.

fast regelmäßig in der ersten Person spricht.*) Es muss nun bei der Lectüre des letzten Capitels dem Leser auch der übrigen Chronik sogleich auffallen, dass in jenem der Chronist — falls er eben der Verfasser dieses Capitels ist — von seiner gewöhnlichen Übung abweicht und sich wiederholt in der dritten Person einführt. Es erfolgt daselbst Peters Nennung nämlich mehreremale, aber nur einmal in der ersten sonst immer in der dritten Person. Nachdem nun, so oft Peter in der Chronik seiner selbst Erwähnung thut, dies wirklich fast ohne Ausnahme immer in der ersten Person geschieht und nicht der Gebrauch der ersten, und dritten Person abwechselt, so ist es gewiss eigenthümlich, wenn auf einmal Peter in einem Capitel mehrmals hintereinander in dritter Person aufgeführt wird, dann aber plötzlich wieder auch einmal die erste Person auftritt.

Dazu kommt eine zweite Beobachtung. In dem Capitel der Chronik, welches eben in Rede steht, wird Peter bei jeder Nennung in der dritten Person mit ehrenden Prädicaten bedacht, wie dominus Petrus, honorabilis, venerabilis dominus Petrus, während er sonst von sich immer in bescheidenster Weise spricht. Das trifft auch hier wieder gerade in dem Falle zu, wo Peter in erster Person sich nennt. Er ist da ein einfacher frater Petrus.

Beides nun, die Anwendung der dritten Person in der Erzählung, wie die ehrenden Prädicate durch einen Autor, der Selbsterlebnisse berichtet, ist wohl denkbar. Wir können nur sagen, dass, wenn ein Chronist über andere Personen und ihre Erlebnisse schreibt, von jenen in der dritten Person gesprochen werden wird und auszeichnende Beiworte nicht auffallen werden.

Wenn wir nun also finden, dass einerseits die beiden eben genannten Momente (dritte Person und ehrende Prädicate) vereinigt auftreten, anderseits aber wissen, dass Peter die Form der ersten Person liebt und sich keinerlei Titel spendet, wenn er von sich und seinen Erlebnissen

―――――
*) vidi, audivi, visitavi . . . Einen Gegeninstanz bildet die Stelle in II. 21.

berichtet, so wird der Behauptung wohl ziemliche Sicherheit nicht abzusprechen sein, dass vom cap. 15 des 3. Buches ein Theil von Peter, ein anderer von einem fremden Autor herrühren muss.

Bevor wir weitergehen und weitere Fragen, z. B. wie sich die beiden Autoren in das genannte Capitel zu theilen hätten, erörtern, wollen wir kurz den Inhalt dieses Capitels wiedergeben:

Es wird berichtet, dass i. J. 1336 eine Feuersbrunst die Kirche des hl. Andreas in Prag zerstörte, wobei sich ein Wunder begab, indem die in der Kirche aufbewahrte hl. Hostie von den Flammen verschont blieb. Patron der Kirche war der Abt von Königsaal, Peter von Zittau. Auf seine Veranlassung hin wurde die Kirche im Jahre 1337 wieder aufgebaut und nach Restaurirung oder neuem Aufbau der Altäre die Wiedereinweihung vorgenommen. Bei dieser fand man in einem der Altäre eine Kapsel mit Reliquien nebst einer Urkunde, die ein Verzeichnis der in jener eingeschlossenen Reliquien enthielt und angab, wann sie daselbst hinterlegt wurden. Diese Urkunde ist in einer Abschrift der Chronik beigefügt. Der Wiedergabe dieser Urkunde lässt der Chronist einige Zusätze folgen, deren erster besagt, dass die in dem Verzeichnisse erwähnten Reliquien wieder an ihren Platz gebracht worden sind, der 2. enthält die Bestimmung, dass alljährlich am Sonntag nach dem Andreastag ein Kirchenfest zu feiern ist, und gibt bekannt, dass Peter, der Abt von Königsaal, dieses Verzeichnis habe anfertigen lassen.*) Schließlich wird erwähnt, dass das Verzeichnis im Feber 1338 wieder in die Kirche kam.

Diese beiden Zusätze nun (mit der Schlussbemerkung) hätten wir auf Grund der eben besprochenen Indicien als aus Peters Feder entflossen anzusehen. Diese Abgrenzung des Antheiles, den Peter an dem Capitel 15 haben soll, von dem eines zweiten Autors, begegnet auch keinen äußerlichen Schwierigkeiten. Es ist nicht die

---

*) s. unten p. 13, A. 2

Arbeit des einen von der des anderen umschlossen, sondern es reiht sich die Partie, die wir Peter zutheilen, einfach an die vorangehende des anderen Verfassers an und bildet den Schluss des Capitels. *)

Er lässt sich nun aber auch auf eine einfache und plausible Weise erklären, wieso es kommt, dass Peter nicht Verfasser auch des ersten, größeren Theiles des Capitels ist, in dem von dem Bau der Kirche, dem Wunder, das sich bei demselben zugetragen, der Einweihung der neuerbauten Kirche etc. die Rede ist.

Abt Peter ist damals offenbar gar nicht nach Prag gekommen. Das Bedenken, dass es doch sehr auffallend gewesen wäre, wenn Peter, der sonst oftmalige und weite Reisen unternahm, oft fremde Klöster besuchte, sehr häufig nach Prag kam, diesmal, wo es sich um seine Patronatskirche handelte, nicht die kurze Strecke von Königsaal nach Prag gereist wäre, zerstreut einfach die Annahme, dass ihm damals schwere Krankheit auch diese kleine Reise zu unternehmen nicht mehr gestattete. Man glaubt ja auch eine Stelle in der Vorrede zum zweiten Buch der Chronik, die erst nach Beendigung derselben, 1334, also nicht lange vor der Zeit, da die in unserem Capitel erzählten Ereignisse vorfielen, geschrieben sein dürfte, am besten auf ein schweres Siechthum des Chronisten beziehen zu können. **) Dass Peter die gefundene Urkunde über den Reliquienschatz der Kirche nicht selbst kopiert, sondern die Abschrift von einem anderen besorgen lässt, ***) stimmt nur dazu, dass er nicht in Prag war und die Urkunde nicht selbst gesehen hat.

---

*) Dem Charakter von Zusätzen entspricht der Anschluss mit: Et sciendum, der zweimal angewendet wird.

**) Cf. Emler, in den Fontes rer. Bohem. IV. p. 10 Z 9 ff. v. unten.

**) Chron. Aul. Reg (ed. Loserth) p. 534: et ego frater Petrus dictus abbas Aulae regiae .... hanc conscribi procuravi tabulam ... Diese Worte besagen eigentlich genau übersetzt, dass Peter das Verzeichnis erst habe anlegen lassen. Der Zusammenhang ergibt

Abt Peter hat daher wohl nach dem Brande und später zur Einweihung der Kirche an seiner statt einen Klosterbruder von Königsaal nach Prag gesandt — die unversehrte Hostie wird ja von einem Frater Nicolaus aus Königsaal gefunden *) — der über das Gesehene dem Abte für die Chronik einen schriftlichen Bericht erstattete,**) und die Urkunde kopierte, wozu denn Peter kurz noch seine beiden erwähnten Zusätze machte. ***)

aber deutlich, dass conscribi so viel bedeutet als Verfertigung der Abschrift.

*) p. 532: frater Nicolaus de Aula regia monachus ad fenestram accedens et quaerere volens, si forsan aliquae reliquiae corporis dominici et vascali apparerent, ut talleret omnino, quod maestus quaesivit, in parte laetus invenit in toto integrum atque salvum. Schon im Jahre 1332 empfieng Peter von diesem Nicolaus Nachrichten. Vgl. II. cp. 32: Istis omnibus frater Nicolaus filius meus dilectus interfuit et mihi per ordinem enarravit.

**) Vielleicht rühren auch die zwei Verse des Capitels von Abt Peter her.

***) Es obliegt mir zum Schlusse die angenehme Pflicht, meinem hochgeehrten Lehrer, Herrn Professor Dr. Bachmann, auf dessen Anregung obige Arbeit unternommen wurde, ergebensten Dank zu sagen.